南希・列文 著
Nancy Levin

王敏雯 譯

設立界線，放下為人承擔的惡習

別讓他人踩踏你的人生，
十個步驟找回自主權，過有邊界感的生活

Setting Boundaries Will Set You Free:

The Ultimate Guide to Telling the Truth, Creating Connection, and Finding Freedom

各界好評

「本書將幫助你更了解自己，設法忘掉令你焦躁、難受、滿心憤恨的舊模式。我深信基於愛建立清楚的界線很有用，而南希是這方面的翹楚，保證讓你受用無窮。她在《設立界線，放下為人承擔的惡習》一書中提醒大家，界線不僅是我們自身的責任，亦可用來教別人如何對待我們。本書值得一讀，讀完後請傳給每個你認識的人看！」

——嘉柏麗．伯恩斯坦（Gabrielle Bernstein），《紐約時報》暢銷書《打造強大吸引力》（*Super Attractor*，暫譯）作者暨國際演說家

「拿出螢光筆，因為《設立界線，放下為人承擔的惡習》是見解獨到的指南，幫助你獲得自由，你捨不得放過每一個字。南希再次運用巧妙生動的例子闡釋『主張並維護自身界線』的重要性，以及常見的誤解。本書對每個人來說都是必讀！」

——克莉絲・卡爾（Kris Carr），《紐約時報》暢銷書《效果驚人！90%的疾病都能逆轉，全食物救命奇蹟》（*Crazy Sexy Diet*）作者暨健康推廣人士

「我愛極了這本書，還打算買來送給我那群女超人等級的好友。絕妙的閱讀體驗有助於釐清你該在哪裡劃下界線，以及別人該從哪裡開始。閱讀本書會幫助你拿回主權，喚回活力，和別人培養更美好的關係，但最重要的是跟你自己建立關係。」

——芮貝卡・坎貝爾（Rebecca Campbell），暢銷書《亮光是新的黑暗》（*Light Is The New Black*，暫譯）作者

「這本書是你的。如果有人向你借，別借！勸他們自己買一本。你的手心握著一串幫助你重獲自由的金鑰匙。」

——羅伯特・荷登（Robert Holden），暢銷書《人間處處有愛》（*Finding Love Everywhere*，暫譯）作者

「本書直探核心，引導你掌握人生的自主權，同時讓你有機會採取行動，建立自尊，尋回自身的價值。」

——克萊特．巴倫-里德（Colette Baron-Reid），暢銷書《探索未知》（*Uncharted*，暫譯）作者

「本書極為精采，南希細述她的人生旅程：從任人欺負、愛討好人、一手包辦大小事的典型受氣包，蛻變成長的動人故事。上述特質最終變成催化劑，啟發她設計出強大的工具，透過本書和讀者分享，告訴大家如何建立清晰的界線，以改善關係、增進活力、贏得個人自由。這本必讀好書有很多務實的智慧和非常好用的訣竅。」

——艾妮塔．穆札尼（Anita Moorjani），《紐約時報》暢銷書《死過一次才學會愛》（*Dying to Be Me*）與《死過一次才學會愛自己》（*What If This Is Heaven*）作者

「南希．列文在這本極具力量的新書中指出，將自身需求放在首位很重要，同時強調周遭的人都將因你這麼做而受益，可謂一語中的。她問你敢不敢過自己夢寐以求的人生，而且

採取行動讓夢想成真。書中有許多扣人心弦的案例和實用練習，這是成功的保證，會讓你覺得深具力量，渴望以優雅的態度劃下底線。你亟需這本必備手冊，創造出你想要的人生！」

——凱麗・理察森（Kerri Richardson），暢銷書《你為什麼不想整理？》（*What Your Clutter Is Trying To Tell You*，暫譯）作者

「對我的人生和職涯而言，建立界線、守住界線始終是相當重要的工作。南希的書讓我得以藉由某些深刻重大的方式，在人生中升級。有很棒的界線才會有大成就。」

——亞歷珊卓・傑明森（Alexandra Jamieson），教練、暢銷書《女人、食物與欲望》（*Women, Food, and Desire*，暫譯）作者、Her Rules Radio 主持人

「對身為作家的我來說，設立界線是我對自己做過最貼心的舉動。若非悍然設下界線，我決計無法完成《抹大拉的瑪利亞》（*Mary Magdalene Revealed*，暫譯）一書。南希・列文給了我們不可或缺的工具，使我們能夠完成今生的工作，並有餘裕過夢寐以求的生活，獲得本該屬於我們的愛！」

——梅根・華特森（Meggan Watterson），《華爾街日報》暢銷書《抹大拉的瑪利亞》作者

「沒有建立界線，等於放棄了真實的自我。南希在這本書中運用富同情心的實用智慧，幫助你回歸自身。」

——潔西卡・歐爾納（Jessica Ortner），《紐約時報》暢銷書《創造長久改變的解決方案》（*The Tapping Solution to Create Lasting Change*，暫譯）作者

「南希・列文是符合時代所需的導師和嚮導。她有過類似經歷。她那樣活過，呼吸過痛苦的空氣，學到了教訓，如今她將這份智慧融會到教誨當中，讓你運用至現今的生活裡。本書猶如一把鑰匙，為你打開一部分被鎖上的人生（在此之前，你甚至沒察覺它上了鎖），並讓你產生一股溫和的自信，知道自己正在創造真正想要的人生，因為你值得好好活一回。」

——尼克・歐爾納（Nick Ortner），《紐約時報》暢銷書《展現最偉大自我的解決方案》（*The Tapping Solution Manifesting Your Greatest Self*，暫譯）作者

「南希寫了一本令人讚嘆的好書，讓我們了解要經營成功愉快的人際關係，需要什麼樣的框架。身為她的摯友，又是一起主持靜修中心的夥伴，我親眼見到其獨特見解的確能幫助我們改變，以獲得更多快樂。任何人只要跟另一個人類有互動，我都建議一定要讀這本書。我對南希這本談論界線的新書只有一點不滿：她花太多時間才寫完。我真希望自己二十歲就讀到本書！」

——大衛・凱斯樂（David Kessler），《意義的追尋：轉化哀慟的最終關鍵》（*Finding Meaning: The Sixth Stage of Grief*）作者，另與露易絲・賀（Louise Hay）合著《療癒破碎的心》（*You Can Heal Your Heart*）。

「南希・列文善於找出你信念系統中的主要糾葛，從而提出實用做法，釐清糾葛，助你邁向自由。她令人動容的旅程是一連串步驟：認清我們在哪些地方交出權力、了解哪些私人界線被人踩過界、負起責任引領自身前進，並且預見更有自主權的未來。南希幫助我們在備感自責、自我否定和羞恥的人際網絡中，培養新關係，讓我們以這些情緒為師，找出方式轉化情緒。南希挺身擁抱不舒服，引導我們穿越痛苦的方式，令人深受鼓舞！若你已準備好跨出下一步，掌握更多自主權，現在可以開始了。」

——保羅．丹尼斯頓（Paul Denniston），悲傷瑜伽創辦人

界線的剖析

界線是一項標記
越過那一點
我不再是自己
不再表裡一致
或忠於自我

在我即將喪失自我時
就是分界點

只不過
一次又一次

我們錯過了它

和自己失去連結
放大了
我對你的注意力
就好像我的神經系統
被一塊磁鐵
吸附過去

我迷失了好一陣子
我們被綁在一起
我得在沒有你的情況下
找到
我是誰的

節奏
但你仍在我身邊

有力的重新校準
回歸我自己
知道我在哪裡止步
而你從哪兒開始

當我獨處
不必滿足
其他人的需求時
我的身心最能夠休養
恢復、調節

現在慢下來
我准許自己
得到休息
再也不要過度付出
保持高度警戒

是時候解放自己
而不是
救援其他人
只有我能夠恢復
自身的資源

我不再願意
盡一切可能去做任何事

當我必須付出的代價
竟如此之高

不再允許
想討好別人
尋求外在的肯定和贊同的舊承諾
凌駕於
忠於自我、保持真實的新承諾

我們藉以運行的模式
不會因為別人某項改變
而消解

我的界線要靠自己去尊重、去彰顯

我們以為壓抑自己
會讓我們安全
但揭露自我
才足以產生連結
讓傷口痊癒

目次

推薦序

寫這篇序最讓人高興的一件事是，我和南希．列文是多年至交，在她於賀氏書屋（Hay House）擔任全職女超人（活動總監）時便已認識。而且我要告訴你，沒人像南希做得那麼好。當我應演說邀約抵達當地時，她會在飯店大廳跟我碰面，手裡有我房間的鑰匙——已經替我辦理入住了。我的房間什麼都不缺，包括浴缸和額外的瓶裝水。那時候，我大概還會要求 Fresca 氣泡水。等她把我和助理安頓好，南希會簡單告知我們何時必須到會場，然後她會及時到飯店護送我們過去。我無須擔心任何細節，因為女超人都處理好了。當然，那時我從未想過她得花費多少心力處理這些事，比如偉恩．戴爾（Wayne Dyer）遺失的行李箱，你會在引言中讀到這段趣事。哇！太強了。

此外，南希每回現身總是精神奕奕，顯得氣定神閒。我實在很難想像她在婚姻中飽受折磨……她也在本書引言中提起這段往事。坦白說，她是非常稱職的女超人，看起來很厲害，但最終還是免不了崩潰。許多人從小被大人教導要討人歡心，所以根本不知道自己該在哪裡停住，而對方又該從哪裡開始。於是，我們的健康狀態（身體、心理或精神）遲早要崩潰。我們總是充滿同理心，以致分不清自己是否有那些感受，或是被別人的感受傳染，而他人的感受和需求老是排在我們自身需求之前。

我寫這篇序時，正在檢查《停經的智慧》（*The Wisdom of Menopause*，暫譯）一書的前三章，講的是在我經歷環更年期時，我二十四年的婚姻觸礁。當我丈夫搬出去、再婚、有了另一個小孩（這一切在短短的一年半之間發生），我開始學習面對自己。在這段人生時期，我第一次領略界線的力量，至今我仍持續學習這份人生功課，不斷精進。同時我也打造了一個家，那是我的私人樂園，還有一份支持我自立的事業，而且小心翼翼地翦除所有無法滋養我的人際關係。

這是畢生的追尋，沒有停止的一天。我很高興地向你報告：你越是勤加練習，就變得越厲害，同時人生也會變得更加健康、快樂。

問題在於，如果認為自己有資格得到休息、睡眠、閒暇時光、愉悅、樂趣，並且享受豐盛和人生賜予我們的美好事物，沒人願意忍受對方長期越界。我們付出太多，無法設下健全的界線，是因為內心深處的某個地方躲著一個受驚的小孩，他以為若沒有犧牲自己，去迎合周遭人們的需求與期待，就會被譏諷、斥責，落得孤單一人。現在的功課就是讓那個小孩長大：讓他知道自己夠好了；從以前開始就沒有不足。而且他有權建立界線，老早就可以這麼做，只是自己還不明白而已。

最近有位好友打電話給我，說她前陣子大肆慶賀宣揚，用信念治療師梅蘭妮・埃里克森（Melanie Erickson）的話來說是「賽拉博」（celebrag），意指你做到了某件困難的事，對此相當自豪，於是你不光是慶賀，還到處吹噓。這位朋友的賽拉博，是因為發現自己終於有力量建立有益的界線。

她前不久才跟一位非常棒的男人穩定交往，他的成年子女想造訪他們家。這件事當然沒問題。麻煩的是，他們的母親（他前妻）是個自我中心的「能量吸血鬼」（energy vampire），幾十年來讓他和孩子的生活苦不堪言。他的孩子很容易受母親操控，還不曉得怎麼建立有益的界線。這次情形是：孩子們先去探望這位前妻，之後她想開車載孩子去我朋友家，見見我朋友，看一下前夫目前住在哪裡。賽拉博的重點在於：「我跟男友說，他前妻不准走近我家的範圍。我才不管這樣做會不會讓孩子們更方便，她絕對不可以接近這裡。」

若是以前，我朋友大概會妥協，不會維持界線，心想：「不會怎麼樣吧？對他的子女比較方便，我希望孩子們喜歡我。」但這回不行。

結果，她男友完全贊成，讓她鬆了一口氣。她原本還想他是否會同意，考慮到他們的家庭動力關係，幾名成年子女也不敢違拗母親。但這一次，我朋友不在乎。她是在主張屬於她的主權、界線和精力。而且是在新的親密關係中主張這一切，她以前從沒這麼做過。若他力挺孩子、不肯挺她，也無所謂。她覺得自己有了長足的進步，無法再回到以往老是說「沒關係」的行為，因為她心底知道自己明明很介意。

這就是界線的魔力。你對自身的空間、你的人生提出所有權，這份主張源自你心底那股不可動搖的自信心與自我價值感；你深知這是與生俱來的權利。當你一本初心這麼做，就絕對不會去傷害別人或踩過界，因為界線就像是野生動物棲息地。我最近聽了一場演講，介紹住在同一個區域的許多種鳴禽。這些鳥兒即使棲息在同一棵樹上，也能夠和洽地生活，這是怎麼辦到的呢？原來一部分的鳥在樹頂、另一部分在樹中央、還有一批在近地面處棲息。牠們絕不越過其他鳥的界線。人也可以這麼做。

南希．列文循循善誘，列舉必要的步驟，幫助你取回健康有益的界線，你便能在神賜給你的棲息地內茁壯生長，過著健康豐沛的生活。這是自我照護和身心保健的基本觀念。繼續讀下去，這本書會拯救你的人生。

——克莉絲汀．諾瑟普（Christiane Northrup）醫學博士，其著作《女性的身體與智慧》（*Women's Bodies Women's Wisdom*，暫譯）、《停經的智慧》、《女神歲月無痕》（*Goddesses Never Age*）、《遠離能量吸血鬼》（*Dodging Energy Vampires*）等書榮登《紐約時報》暢銷書排行榜

引言

我在賀氏書屋擔任活動總監逾十年，大家都知道沒有我辦不到的事。有項事蹟能夠說明這句話的意思。我在某個週末為暢銷書作家偉恩．戴爾一連籌辦兩場現場活動。他週六下午在亞特蘭大演講，接著我們搭機飛往底特律，出席週日下午的活動。

週六晚上，我人在底特律某家飯店的房間，接到了偉恩的電話，他聽起來氣急敗壞：「我找不到行李箱！我確定是從亞特蘭大來這裡的路上遺失了。」他演說需要的東西全在那個箱子裡，而且堅決表示沒有行李箱，他沒辦法上臺演講。

身為過度付出的女超人，我立刻迅捷行動。我記得我們搭廂型車去亞特蘭大的機場時，他的行李箱就在身旁，於是我打電話給租車公司。一開始，對方表示找不到，我拜託他們再確認一次。再次察看時，他們發現它藏在座位底下，但那時已經接近午夜了。

我打給偉恩說：「上床睡覺，別擔心。我會想辦法及時取回你的行李箱。」

我請租車公司派一名員工搭機來底特律，對方表示礙難從命。我嘗試找快遞公司，但找不到；畢竟已經是週六深夜了。

我沒睡覺，在凌晨四點跳上計程車，打開筆電買到一張去亞特蘭大的往返機票。我一下機，立刻跑到外面跟租車公司的司機碰面領行李。拿到行李後，我回機場接受安檢，打算搭機回底特律。安檢人員攔下我，問了一大堆問題：為什麼你只帶一個行李箱旅行？你剛搭機從那個城市過來，為何又直接飛回去？我看起來一定很可疑。誰會搭機往返，只為拿取一個行李箱？

當我準備登機飛回底特律時，偉恩剛醒來。飛機起飛前，我打電話給他，說我拿到行李箱了。

「南希，你做了什麼瘋狂的事嗎？」

我盡快趕去底特律的活動會場，還比偉恩的車早幾分鐘抵達。噠啦！我無愧於女超人的封號，總算放下心頭大石。

對那時的我來說，這一類英雄行為算是稀鬆平常。這不過是其中一個例子，說明我認真努力近乎「瘋狂」，如同偉恩所說，務必要每個認識我的人都給我甲上星星。在努力的過程中，我幾乎從未注意過自己需要什麼。我一直讓自身界線被侵犯、踩踏，一次又一次。

在我的婚姻中，這種情況尤其明顯。但當你長期否認自身需求，最後它們會冒出頭來，讓你無法再否認。亦即這些需求會以別種形式表現出來。以我來說，我透過婚外情這種行徑表達內心的需求——這是對我長期不肯設界線，所做出的回應。

為真我留出空間

外遇結束八年以後，可能毀掉人生的報應才姍姍來遲。我在聖地牙哥的機場坐著候機，準備回位於科羅拉多州的家，然後報應出現了——丈夫留了一通語音留言：「我讀過你的日記，你最好尾巴夾緊一點，你完蛋了！」

我一共有七十本日記。難道他剛好讀到「那一本」嗎？有寫到八年前婚外情的那本？

我記不清楚自己怎麼搭機回家，感覺像是即將被處決的死刑犯。

我到家時，丈夫就站在門口，手上拿著我的四本日記。「我現在要把其中幾頁印下來，寄給你認識的每個人看，包括你父母和同事。」他說，「我倒要看看他們知道真正的你是什麼樣子，會怎麼想。」

真正的我。多年來，我把真正的我藏起來，努力規畫出不為自己留一點空間的生活。那一刻，想到其他人可能看到我的各種軟弱面，令我心驚膽跳，並認定其他人一旦知道「真相」，就會擯棄我；我丈夫話裡的意思正是如此。

由於我是「任人予取予求的受氣包」，那時很怕別人看穿我的本性。我認定自己必須展現女超人的形象，給身邊每個人（從家人、朋友到同事）看，我才會被愛。我必須迎合每個人的要求，像變色龍般將自身需求放一旁，務求滿足別人。我究竟是誰，需要給自己什麼？這個問題從未出現在我的人生地圖上。

我不光是沒設界線，甚至根本沒想過該設立。這麼做會讓某人不開心，我那時以為自己承擔不起這種風險。

所以，在我丈夫威脅要讓大家知道我的日記內容後，我仍試圖挽回婚姻。那晚很恐怖，而十個月後，他把我踢出家門（附帶一提，房子是我買的，錢是我在繳）。對了，那天是我的生日。

我返家並再次試圖挽回。然後再一次、又一次。二〇一〇年一月十二日，他第五次把我轟出去，那次我才清醒，警告那個凡事一手包辦的受氣包不准再主宰我的人生。在第五次被趕出家門時，我終於確立了界線——我沒再回去。

那時我才開始立志成為界線達人。但這表示我不能再為了得到愛與接納，輕率應允旁人的要求或滿足他們的願望，也表示我必須學會說出實情，用更真實的方式與他人建立關係，而非用一個接一個無私的行為贏得讚嘆。過渡期很艱難，有許多跌宕起伏。但我要告訴大家一個好消息：這趟旅程沒有白費。沿著這條路走會到達自由之境，我以前從不知道它的存在。這股自由永遠改變了我的人生歷程。

界線是什麼？

界線本質上是你的終點，也是對方的起點。我將它定義成你設定的極限，明確指出你會做什麼、不做什麼，或者你肯（或不肯）接受、容忍他人的行為。（本書各章，我有時用極限／底限〔limit〕一詞，當作界線〔boundary〕的同義詞。）任何界線均是自然而然、自動產生的。當身體到達極限，人感到肉體疼痛。當心或情緒系統到達極限，我們就覺得氣憤、悲哀或受傷。界線預先載入了人類的經驗。有時人會訓練自己超越天生的極限，好比我有次參加賽跑，在一萬七千呎的高山隘口跑了十七英哩……好累！但人不可能完全擺脫界線。

所以該如何知道自己天生的極限在哪裡？你一定感受得到自身的肉體界線與情緒界線。當你有完全正向的經驗，你在綠色區域；附近沒有界線。當你覺得經驗屬於中性或不太穩定，亦即你不太確定是好或壞，你在黃色區域；界線很可能離你幾步之遙。當然，也有確實很糟糕的經驗。你經歷了痛苦，可能是身體、心理或情緒上的苦痛。當中性的體驗轉變成負面經驗，你就知道自己在紅色區域，有道界線被侵犯了。

人的情緒和身體系統隨時在追蹤界線。麻煩的是（否則我就不必寫這本書了），在許多情況下，我們有意識的心智全然未察覺我們有一道界線，遑論有人越界。出於各種原因（稍後我會在各章詳細討論），人學會了壓抑大量貯存於心和腸道的資訊（關於個人的極限，以及何時到達極限），不讓資訊進入心智或意識層面。

對界線無視（boundary blindness）的結果，便是我們的天然界線經常被人侵犯，而且大部分時候，我們甚至毫無所覺。你是否曾感到氣憤、憎惡、不想溝通或無助？這些情緒是有用的警訊，告訴我們某事不太對勁。你已經超過極限，置身於紅色警戒區。是時候沿原路返回你感到舒坦、安全、愉快的所在。此時，正面與負面經驗之間那道極為明確的天然界線，不知怎的，被人跨越了。

現在你可能想問：「負面經驗不都是因為有道界線被人侵犯了嗎？負面經驗不是人生的一部分嗎？」兩個問題的答案都是「沒錯」。負面經驗表示有人踩過你的界線，而且沒錯，身為人總會有些負面經驗。我們偶爾會發現自己超過極限，這是免不了的。我們會失去至親、遇到交通事故，甚至腳趾不小心踢到東西，痛得哀號。沒人會選擇這些經驗，也由不得我們控制。

話雖如此，我們並非沒有能力創造越來越好的人生。我常遇到客戶放棄維護她們的確有辦法控制的界線，說這些負面經驗難以避免，但其實並非如此。

這是本書的主旨。先別管神越界的行為，我們要來仔細探究日常的越界行為，而我們決定加以整頓。每一天，我們（有意識或無意識地）允許別人侵犯我們的空間、時間，或引起身體與情緒上的不舒服。

所以我們該如何建立界線？只要指出早已存在的極限就可以。我們並非捏造，只是把一直以來存在於表層底下的需求和想望說出來而已。如此一來，我們便將潛意識變成了意識與覺察。我們告訴自己（和他人）：我們將不再容忍某些經驗，因為這類經驗對我們而言並不健康，而且我們覺得不舒坦。找到界線，並且大聲說出來，讓我們能夠正視自己在身體、情緒、精力、心理與物質等方面的需求，照顧好自己。

每個人都有很多不同類型的界線，以下是顯而易見的數種：

身體的界線與你的身體、個人空間、時間和隱私有關。例如，有人碰觸你的方式讓你感到不舒服，即使他並非有意，也已經踰越了你的身體界線。

情緒的界線與你的情緒需求有關，也跟別人的需求有關。例如，當你的母親嚴厲斥責你父親時，你可能不願意袖手旁觀。

精力的界線與你生命力的狀態有關。例如，感染到身旁的人那股負面能量；有些人愛小題大作，讓你喘不過氣；跟別人互動時，經常覺得疲憊不堪，彷彿精力被榨乾。

心理的界線與你的想法、價值觀和看法有關。比如你聽到某人大肆發表厭惡女性的言論，你不喜歡對方說出的話，也覺得可怕，那麼對方已經侵犯到你的心理界線了。

界線主要在於我們是什麼樣的人，有哪些渴望與需求。有了界線，我們感到更加自信愉快，才可能過真正想要的人生。若想在生活中感受更多喜悅，活得興味盎然，就要從建立界線開始。

設立界線的好處

若你想過自主選擇的人生，希望自身的需求更常得到滿足，想獲得做自己的自由，而且想要有更愉快的人際關係，那麼你一定要學會設立界線。

等一下。我剛才是說更好的關係來自於更好的界線嗎？我常聽到客戶對此提出異議。結果發現，許多人之所以疏於設立界線，主要是害怕一旦設立界線，別人就不愛我們或不肯接納我們。不少客戶問我：當你不再默許他們想要的一切，而是主張自己的需求，難道他們不會生氣嗎？嗯，有些人可能會，至少一開始不高興。但一段時間後，若是跟真正愛你、希望你快樂的人相處，對方終究會接受你的真實需求。如果說我離婚後學到了什麼，那就是雙方如果能開誠布公，毫無隱瞞，彼此的關係會更加真實、親密。當雙方坦白說出各自的需求，情緒上的衝突也會減少。長期處於自我犧牲的模式摧毀了我的婚姻；這種做法難以長久。虛假和面具是親密關係的大敵。

我們常以為雙方（或多方）的需求或欲望無法共存，但若是關係中每個人的需求能夠同時獲得滿足呢？事實上，我們的欲望未必與別人想要的事物相牴觸。把你心中的欲望說出來，甚至可能幫助他人更了解自身的真實欲望。

我學到了一個道理：若我在受苦，這段關係也不可能好。打從我開始練習設立界線，我的人際關係改善很多。如今我全心全意將愛自己放在第一位；我在照顧其他人時，至少同樣照顧好自己。我發現當我更愛自己，盡量滿足自身的需求，才給得出更多愛。如果我一直倒出杯中的水，設法幫助別人，最後就會覺得口渴。這就好像從石頭中榨出血來一樣。但是當我倒滿水──給自己更多愛與尊重，主要透過彰顯自身的界線──我的杯子滿溢，能夠與親朋好友分享。

當我設下有益的界線，自身的需求和欲望更常獲得滿足。我讓身邊的人（包括另一半）做真正的大人，他們的需求和欲望要靠自己達成。基本底線是什麼？**我的需求是我的責任，而你的需求是你的**。設立、維持我們自身的界線是內在的工作。

如何知道自己有必要設界線？

以下是我經常聽到客戶提起「需要設立界線」的狀況，你是否對其中幾種情況感到很熟悉呢？

- 你的母親一天打五通電話給你，把你犯過的錯拿出來唸一遍。
- 你的另一半把髒衣服扔在地上，知道你一定會撿起來。
- 你的鄰居把音樂放得很大聲，讓你睡不好。
- 你的上司要你加班，但沒有預先通知、或不給加班費。
- 每次你出門跟朋友聚餐，她會提醒你該吃什麼、不該吃什麼。
- 有些親戚認為你會跟他們分享生活細節。
- 你覺得餐廳裡太冷，但你不想開口要求暖氣強一點。
- 你的阿姨一時興起就去你家，希望你放下手邊的事陪她。
- 青春期的子女沒先問過你，便從皮夾裡拿錢，以為你不在意。

- 伴侶經常貶低你，若你覺得受傷，他就一副「你太敏感」的樣子。

有多少人老是要你負責滿足他們的需求，只因你尚未建立適當的界線？假如有下列情況，你該設下界線了：

- 別人的行為舉止常讓你覺得自己是受害者。
- 你覺得生活中缺乏隱私。
- 跟別人在一起時，你常讓對方擬訂計畫，由對方選定電影、餐廳或旅遊目的地。
- 每次別人表達欲望時，你很容易被牽著走。
- 別人不小心傷害你或故意騙你時，你寧可什麼也不說。
- 你覺得先考慮別人是高尚的行為，試圖強調一己欲望顯得小氣又自私。
- 你經常覺得別人似乎沒考慮你的需求，為此深感憎恨。
- 你深信自己永遠沒辦法和特定幾個人設立界線。
- 你已經建立了幾道明確的界線，但想變成這方面的達人。

若你對上述任一情形感同身受，很可能就有以下常見的迷思：

- 基於愛，我們不該設界線。
- 我若是建立界線，就是自私的人。
- 我若建立界線，大家都會恨我。
- 我不必建立令人尷尬的界線，也可以過自己想要的生活。
- 我不知道該怎麼說才不會引發爭執，所以無法建立界線。
- 若我隨時顧及自身的需求，別人的需求便都無法達成。
- 若我花時間設立界線，就不再是慷慨、樂於付出的人，沒人想跟我相處。
- 界線有侷限性，而非自由廣闊。
- 一旦設下界線就沒事了，沒必要再設一次（別急著下定論，稍後你會聽到我的親身經歷）。

你是否對上述迷思深信不疑？我要逐一打破這些迷思，幫助你找到新的框架，據以展開建立界線的對話。你會學到實用的策略，找出應該設立的一些界線，用細膩周到的方式處理界線問題。到那時，你才能夠活得淋漓盡致，過你注定要過的人生。

超強界線養成術是什麼？

我為上面描述的生活方式取了個名字，叫做「超強界線養成術」。我做了很多努力才成為「界線達人」，而且你必須持續學習，因為這是一生的功課。但是超強界線養成術完全改變了我的人生，讓我的整體生活趨於平靜、自在、滿足和身心愉快。現在我說出內心的渴望，強調自身的需求時，不再有罪惡感，同時我不再委屈自己，覺得自己有義務照顧其他人。

說來有趣，我越懂得以自己為重，反而極少因界線問題陷入衝突。我變得更加敏銳，所以能夠趁早處理界線問題。現在當我注意到對方快要越界，就直接指出我的界線範圍——它已經變成第二天性。此外，我不再擔心別人因此不喜歡我。（覺得難以辦到嗎？我保證不難。往下讀吧。）

如果你讀過我的其他著作，就知道我所做的一切都是為了愛自己。因為依我之見，愛自己是人生（包括愛別人）的基石。就界線而言，愛自己表示我們知道自己有權設立界線，無論界線為何、或其他人想要什麼。我們可以找個適當的時機、地點商討，雙方各退一步，但不會放棄對自己來說極為重要的界線。

許多人跟從前的我一樣習慣取悅別人，向人伸出援手或解決麻煩，並且覺得將自己放在優先位置、先考慮自己想要什麼、讓自己活得舒坦，聽起來太過極端。我知道這件事有點可怕，你可能一想到設某些界線就嚇得渾身發抖。我懂，我是過來人。但像我這樣凡事攬在身上的受氣包都能成為界線達人，你也可以！

關於本書的適用性

用英文這項有限的工具寫一本書給形形色色的人閱讀，是一大挑戰。語言本身不具備全面性，深受種族的影響（可能是黑或白），難以容納真實世界裡繽紛的多元與曖昧難明的事物。此外，我既是美國白人異性戀女性，而且認同自己天生的性別，我只能透過此一身分來檢視自身的生活與經驗。

由於我的客戶絕大多數是異性戀女性，這本書裡清一色是她們的故事。但我要澄清一點：本書介紹的設立界線的原則，大多數人（不論性別或性取向）都能夠理解與運用。

我已經決定讓這批透過我的作品為她們發聲的觀眾躍然於紙上，因為這些真摯的故事組成了這本書。誠摯希望她們的聲音能夠觸動你的心，帶動你的人生，就像我也被她們觸動一樣。

關於本書

我在下面各章介紹十項步驟，讓你在這個過程中學會建立界線。我會進一步分享自身的故事，也會提到許多客戶有多麼努力，想方設法在各種情況下建立界線，以改善她們與其他人的關係。在此過程中，你跟這群客戶一樣要做練習，除去障礙，才可能成為界線達人。步驟如下：

步驟一：承認吧，是你自己踰越了界線。第一步，你必須接受嚴酷的事實：一直以來，是你自己越了界，不是別人。（別急著針對這一點反駁我，先讀完本章再說。）

步驟二：通盤檢視你想設立的界線。你想不出有什麼界線需要設立嗎？再想一次。首先，你先盤點有哪些容易設立的界線，同時思考該如何維持界線。接著，列出早該設立的界線。這兩份清單一定讓你大開眼界！最後，你會創造出一個圖形，我稱之為屬於你的界線金字塔，將不同的界線依照重要性和難度加以分類。

步驟三：克服共依存症（codependency，又稱關係成癮）。覺得設立界線很難的人大多有共依存症，意思是他們為別人擔負責任到了離譜的程度，為了滿足他人的欲望及需求，按捺自身的渴望。透過這個步驟，你會明白自私和罪惡感絕對不是壞事。

步驟四：挖掘你的潛意識。光是打算建立界線還不夠，若是這麼簡單，你早就做到了。你必須深入挖掘，不設立界線的理由很複雜，答案就在你的潛意識裡。在這個步驟中，你將挖掘一些潛意識裡的東西，了解阻礙你前進的原因。

步驟五：試著接受短期的不適。我們經常為了避免短期不快，不肯建立界線，卻換來長期的怨恨。毫無道理可言，但我們都這麼做過。步驟五請你思考各種不舒服的情況，做出抉擇：要麼避開不適、要麼忍耐不適。接著，你將探索設立界線的恐懼，列出最害怕的後果清單（Dreaded List of Consequences），也就是你對某些人亮出底限時，確信會發生哪些恐怖的事。

步驟六：勾勒有自主權的願景。這個步驟請你在真正設立界線前，先試著想像自己變成「界線達人」後，人生會是什麼面貌。

步驟七：寫出你的腳本。這大概是設立界線的過程中，最實際的一個步驟。你會寫下自己建立界線時要說的話。別擔心，我會提供大量說法或措辭，讓你順利進行。然後在真正設立界線前，你可以對著鏡子練習，也可以跟朋友一起練習。

步驟八：新手入門：先選擇幾項容易建立的界線。是時候建立幾道初級界線，讓你舒展一下，又不至於太過。我會給你一些明確的方針，讓你練習設立這一類界線。然後，你會深吸一口氣，進行必要的談話，跟對方劃下界線。

步驟九：建立非常重要的界線。進行這項步驟時，你真的畢業了，準備好設立非常重要界線，亦即深具挑戰性的重要底限。你會先描摹願景，並且確立意圖，鬥志昂揚地建立此一界線。你會撰寫腳本，檢視最害怕的後果清單，然後逐項列出最讓你振奮的結果，並且提醒自己：建立界線你會有什麼收穫。最後你會設下界線！

步驟十：反覆做，直到身心自由。此步驟主要在談論如何過界線達人的人生。事實是，若你定期維護界線，使其牢不可破，根本不必經常設界線。我們還將討論有自覺的選擇、健康有益的自私，以及你的界線會隨時間變化和成熟。

本書改變了我的一生。如果你這些年來竭力避免設立界線，它也將扭轉你的人生。讓我們一起建立非設不可的界線，創造更稱心暢意的人生。

我需要拿出紙筆做練習嗎？

這個問題的答案是沒錯！每一章都有好幾項練習，請務必寫下答案。有時我會請你回頭參照之前的練習，所以你必須找出先前寫的文字。

你可以在電腦或其他裝置上記錄答案，或者將答案寫在日誌裡。

你讀這本書或進行練習時產生的想法與感受，最好一併記下來。這是一場自我發現之旅，若你花時間思索自己寫過的文字，就會更了解自己。很多人回頭去看幾天前、幾週前，甚至幾個月以前寫的日誌，才豁然醒悟，產生重要見解，從而捨棄以往限制性的信念。寫作是激發力量的過程，所以你在翻閱本書時，不妨善用書寫，獲得最大效益。

我要邀請你……

請你在跟我一起探索界線時，保持開闊心胸與樂觀展望，別劃地自限、滿心恐懼。儘管本書主要討論如何找出界線，以保護、保存或避免某種情況，你大可仔細選擇界線，有自覺地安排你想帶進生活裡的一切。設立界線會帶來短期的不適，你願意感受這份不適就等於走進了大門，眼前是你渴望擁有的一切。當你以勇敢且雍容的姿態優先考慮自身的需求，你便可得到真實、連結與自由。

請記住，每當你建立一項有益的界線，就是在對自己說好！我邀請你加入我的臉書社團「一起大變身（Transform Together）」，網址：www.transformtogether.us。你可以在閱讀本書時，透過這個免費社團分享實際的體驗。當你持續進步的同時，也會在這個熱心的社群裡得到許多支持。

拿出熱情，跟我一起投入吧！

步驟1

承認吧，是你自己踰越了界線

「我想拒絕的時候卻總是說好。」我的客戶瓦勒麗說。「我明明不想卻還是跟人上床；我不願做的事卻還是答應幫忙；我媽常找我說話，但從來不問我有何看法、渴望或需求，我前夫也一樣，彷彿我不存在。我一直讓別人替我發言，幫我做決定；我讓其他人控制我、操縱我。我長期陷在不愉快的情況，想脫身卻走不了，直到我生病了，才發現要是不離開，我可能會死。不滿、憤怒、沮喪，我統統經歷過。」

瓦勒麗的情況並不少見。另一位客戶蒂娜對我說她的故事：「幾年前我和丈夫正在協議離婚那陣子，我跟小時候的朋友重逢，他住在另一個時區，每天都要傳幾封很長的簡訊。我做兩份工作之餘，還得經常參加女兒學校的活動，幾乎沒剩多少時間。我睡眠不足、易怒，而且生病了。當我跟這個男人設下界線，請他少傳一些簡訊，他就生氣、責怪我，拒絕接受我的『新規則』，這是他的說法。他認定我在撒謊，而且正在跟別人交往。他必須知道我做的每一件事，連我何時洗澡、吃了什麼都得告訴他。我發現自己不斷向他解釋自己哪段時間做了什麼。有很長一段時間，他喝醉酒就發脾氣，傳簡訊給我，全都是難聽傷人的話，然後再哭著道歉，我還是不停回撥電話給他。我不斷試著安撫他，想平息他內心的恐懼，儘管我知道真心愛我的人會尊重我的界線。」

客戶的親身經歷還不止這些。

寶拉說：「我媽以前會很晚打電話給我，我跟她說晚上九點以後不要打來，最後我決定九點以後關掉電話鈴聲。但有時候我九點還沒睡，在跟別人講電話，她要是打來，我就會接聽，然後一直聽她說，弄到很晚才睡。」寶拉為此對母親很不滿。

費絲結婚多年。她丈夫不曉得自己喝酒的習慣，讓太太很不高興，已經影響了太太對自己的感情。「我覺得被困住，好像沒有其他選擇。我先生不知道他喝酒對我造成的傷害，因為我從來沒對他說過。」

每次潔西卡的丈夫問她想做什麼，她都答道「無所謂」或「你想幹什麼都行」。「我讓自己的欲望昇華，因為這樣比較輕鬆。」她說。她這麼做等於不承認自身的欲望及感受。

在柔伊的成長過程中，不論她想做什麼都遭到父母反對，於是她發現自己反其道而行，即使答應某些事並不明智。因此，她極少拒絕女兒的要求。

瓦勒麗明明不想做某些事，卻還是答應了，想逃離某些情況卻沒有付諸行動。蒂娜放任男伴對她言語霸凌。寶拉不想那麼晚還陪母親聊天，但她仍然這麼做。費絲從未針對丈夫喝酒的問題設下界線。潔西卡為了其他人，讓一己的欲望昇華，而柔伊想拒絕時卻總是說好。

上述情況全都指向一個難以消化的真相：在設立界線的過程中，第一步是承認吧，跨過自身界線的人是你，不是別人。

為自己的人生負責

事實的確如此：你沒守住人生當中的界線。除非你允許旁人這麼做，否則沒人能踩過界。噢，好痛！我明白。

但是，若你想成功設下界線，就必須面對事實：你有責任重整、設立你所需要的界線，跟對方好好說明，給對方合理的警告。之後，如果對方違反界線，你必須堅守立場，抽離那樣的情況，因為你已經表明的界線未能獲得尊重。

談到「日常界線」（這是本書的重點），基本上沒有「某人違反你的界線」這回事。對你頤指氣使的父母、令人討厭的同事或不服管教的小孩都沒有責任；是你自己要為此負責。

我也不想面對這個真相。多年來，我覺得丈夫侵犯我的界線，他的行為著實令人難以容忍，他應該要感到羞恥才對。

但你知道嗎？是我默許事情發生。我多次回到他身邊，希望從同一個人身上得到不同的結果。他的確無視我的需求和願望，但只因我打開大門，他才得以侵門踏戶。

還不相信嗎？下次當你覺得某人侵犯你的界線，提醒自己，重點不在於對方的行為，而是**若這種行為持續出現，你如何照應自己**。

大多數人不願對發生在自己身上的事負責任，但事實是，除了某些採取暴力的情況（稍後會詳細說明），要不是你默許，沒人能夠踩踏你的界線。若你認定是某人對你做了什麼事，就陷入了受害者心態。若你容許某人踩踏你的界線，那是你做出的抉擇。

抱著受害者心態，說自己的不幸都是旁人的錯，的確更令人感到安慰。但若不肯為自己的人生和界線負起責任，表示我們把自身的力量和控制權交了出去。我們變得認命，以為是命中注定；我們無法看出或許還有其他選擇。受害者心態讓我們目光狹隘，覺得毫無機會和可能性。於是，我們只能抱怨，哀嘆命運不濟。

但我們是因為陷入受害者心態，才無法突破現狀。扮演受害者可收一時之效，讓我們贏得旁人的同情，獲得短暫的慰藉。從長遠的眼光來看，我們讓自己陷入一輩子的苦痛。

我的客戶蒂娜發現自己被受害者心態困住了。她以前對家庭過度付出，沒有指出應有的界線，是她讓家人一再踰越界線。簡單地說，她需要留一些時間給自己，卻沒有這麼做，仍舊忙著烹飪、打掃、照顧家人。話說回來，她現任丈夫和女兒很懂得抽出時間給自己。

「我看到老公在男人窩裡長時間玩電腦或看影集，就覺得生氣。」她說，「我會說我想要時間寫點東西，但我一有空閒就是煮飯或洗衣服。我女兒和老公則會盡量抽空替自己充電，我對此非常不以為然。玩電腦遊戲或看電視並非我的充電方式，所以我覺得這麼做既無腦又不負責任。」

「我在建立界線的過程中最大的領悟是，發現我先生一直以來的舉動反映出我應該要為自己做的事。」她有感而發。「真相是我才是那個不負責任的人，沒有特地排出時間和空間做一些事，好讓自己活得更豐富多彩。我沒有主動為自己設下界線，只覺得氣憤、怨恨，像洩了氣的皮球。」

我的客戶蓋柏莉這麼說：「如果我沒有設立界線，就是沒有主動要求，而是期待別人替我設界線，等他們給我想要的東西。倘若對方沒給，我就既失望又失落。」

當然，要設立界線，我們必須學會坦然說不。喔，這是最難的部分。許多人恐怕從來沒想過可以拒絕別人。我的客戶瓦勒麗說，至今為止她都覺得自己無權拒絕別人，或對自己的時間、金錢、空間乃至身體設下界線。大概有很多人跟她一樣。但是，若我們不拒絕別人，等於同意別人侵犯我們的界線。

欠缺說不的能力，往往會從私人關係延伸到公事上。我的朋友黛博拉說：「我有個顧客經濟頗寬裕，但老是要我打折。要是沒有大幅降價，就像是對不起她似的。我只好這麼做，以免她不跟我做生意。」黛博拉因缺乏自我價值感，讓自己變得「便宜」。是的，我們需要資金時，可能會覺得少了一個付錢的顧客有點危險。一旦我們更加相信自己的價值，就有了信念和自信心。要是跟某個顧客的關係鬧僵，我們可以放手，知道自己很快就會找到下一個願意好好付錢的顧客。

我的客戶伊蓮逐漸發現她只有在覺得自己是對的、對方是錯的情況下，才能夠設立界線。例如，若她覺得丈夫拿兩人的存款去買新車是錯的，她會跟他設立界線。如果僅是希望某幾個晚上有半小時的獨處時間，因為她無法設想在那個情境中誰對誰錯，就很難設下界線。但**設立界線無關對錯**，**而是在於你的渴望和需求**。

當我們為自己的人生負責，會更有力量做出決定，並且採取行動以滿足自身的欲望。我們採取行動避免界線遭侵犯，以脫離不利的環境。

其實你可能不知道自己擁有更大的力量，能夠創造你想要的人生。人生中的每一刻，你做出各種抉擇，形塑人生的面貌和感受。在你決定設立界線，就朝最嚮往的生活靠近一步。當你為了息事寧人，罔顧自身的界線，你就選擇過配合別人需求的人生。你是否依照抉擇設立界線，而非抹煞界線，決定權在你。

主張你有權選擇，確實能夠扭轉情勢。一旦承認你該為自己的界線負責，就會明白在任何情況下，即使先前讓你覺得受困、窒息、動彈不得或失控的狀況，你大可選擇其他做法。畢竟，不設界線也是一種選擇！

無從控制的界線

有一點要先釐清，本書討論的界線是指我們掌握了一定控制權的界線。我並非指極端的案例，例如某人對你施加攻擊、性侵害、或逼你做不願做的事。要真正的受害人為自身的不幸遭遇負起責任，絕非我的本意。遭到性侵和虐待的人往往會責怪自己，不僅造成傷害，根本就違反事實。

有時候，人們藉由設立界線便可脫離暴力情況，但我很清楚某些時候很難辦到，也可能造成危險。

本書從頭到尾聚焦於我們是否該在朋友、家人、同事及熟人之間，設立界線。即使是這類情況，我也想先說清楚，為自身的抉擇負起責任不等於怪罪自己。你在本書讀到的內容都不能拿來攻擊自己。很少人從小被教育要捍衛自身的界線，所以你無須因為沒守住界線而內疚或覺得有過錯。若你開始批判自己，請停下來深呼吸。接著，盡你所能讓內心充滿愛。別忘了我從以前到現在設法應付許多界線方面的問題，可能你目前也面臨同樣的問題，這是促成我寫作本書的主因。我們都還在學習，要對自己有耐心。

不過有時候，生命本身跨過了我們的界線，而我們明知如此，仍容許它這麼做。舉例來說，你有道界線是不肯走進醫院，因為它喚起你過往的創傷經驗。但若你的至親被送進急診室，你可能不顧界線，決定進去那裡。關鍵在於承認：你經過考量，選擇不理會界線，然後走進醫院，這層體認將權力和責任交還到你手中。

我也想花些時間鄭重指出，體系化的性別不平等與種族歧視，讓競爭場域失去公平。壓迫的確存在，而且以各種方式對許多人的抉擇造成深遠影響。重申一次，書中的練習是為了幫助所有人，在的確能夠控制的日常瑣事上，獲得更多力量，藉此讓我們準備好協助解決體系上的大問題，至今仍對許多人構成威脅。

話說回來，不論客觀環境如何，受害者心態對任何人都沒幫助。因此，我鼓勵你隨時尋找以往不曾考慮過的可能性。即使你對眼下的情況感到一籌莫展，通常還是能有一些選擇。也許你可以選擇心態。譬如某人對你出言不遜，你選擇寬大為懷；或者當新聞內容讓你焦躁時，你選擇暫時關掉電視，今天不看新聞。

正如偉恩．戴爾所說：「當我們改變看待事物的方式，眼前的事物就變得不同。」

為什麼大多數人不懂得設立界線？

跟大部分家庭一樣，我們家的語彙中沒有「界線」一詞。多數人在成長過程中沒學過界線的道理，只是默默接收混淆不明的訊息。因此，我們不知道該如何思考界線的意義，遑論設立界線。

大部分家庭共享一切，交結纏繞，所以許多人不知道自己應該停在哪裡，而其他家人該從哪開始。我將這種交纏的結果稱為「有毒的同理心」。我們強烈同理其他人的處境（太強烈感受他人的情緒或感覺），以致分不清我們的需求和所愛之人的需求。若我們的同理心非常充分，甚至可能變得無法區別和陌生人之間的界線，試著照顧自己根本不認識的人。

包含西方文化在內的許多文化，都用這種方式對待小孩。我們小時候看到別人——即父母和其他權威人士——被允許設立界線。而除了極為開明的家庭，大部分家庭對於小孩主張一己界線感到排斥，甚至加以責罰。這是有道理的，因為小孩大多欠缺判斷力，可能做出有害健康的決定。但這麼做很不明智，等於教我們忽視自身的欲望、限制和需求。

大人教導我們做個乖小孩最重要，你要討好別人、隨時保持禮貌、盡量聽話順從。長輩甚至灌輸小孩：自我犧牲是美德這種觀念。因此，我們長大後會覺得要對別人的快樂負責，以為自己沒有權利拒絕別人。我們透過別人的看法建立自我形象，甚至允許親近的人替我們做決定。等到我們成為父母後，便會跟子女設立親子之間的界線，但仍舊不知道怎麼和其他成人劃下界線。

看到別人不開心或生氣，表示我們做錯了什麼，必須改善狀況，這是正常的人性。但我們往往做得太過火，以為別人的欲望至關緊要，將自身的欲望視為小事。我們忽視內心的痛苦、氣憤——那是情緒的訊號，告訴我們是時候設立界線，甚至對方已經越界——反而將旁人的需求視為優先。若旁人的行為讓我們覺得不快，忍一忍就算了，我們不知道還有其他選項。我們總是寬待別人，盡量往好處想，卻從未如此優待自己。我們認為照顧別人，而非照顧自己，才算是「好人」。

大人告訴我們，這種無私是創造良好人生的法門。既然如此，為何行不通？為什麼感到稱心滿意的人少之又少？

不設立界線的後果

當我們一味努力討好別人，就是在過假面人生。多年來，這就是我的寫照。我老是備感壓力，隨時保持警覺，害怕自己被「抓包」，被人發現我不夠完美，或擔心自己可能無法滿足別人的需求。

我以前不知道怎麼去愛具備人性弱點的自己，所以採取極端的做法。我不曾注意到自身的界線，基本上對於界線一無所知。我找不出方法承受生活帶來的壓力，所以必須發洩。確實發洩了，而且是以報復的形式呈現，毀掉了我整個人生。

如果我們沒有認識界線，並且學著設立界線，便有可能發生這種情況。還記得我在引言裡提到曾經從底特律搭機前往亞特蘭大，拿回偉恩．戴爾的行李箱，再飛回底特律嗎？要是我那時有設立健全的界線，就會告訴戴爾無法替他取回行李箱，他就只能那樣上場做簡報。他可能覺得手邊沒有筆記有點困難，但還是能夠搞定。我的意思是，他是了不起的偉恩．戴爾耶！

要是我那時有設立健全的界線，就會告訴丈夫，我絕不容忍他偷看日記，不管他讀到了什麼內容。我也不會一再回到他身邊，明知他仍然會用不尊重的方式對待我。

事實上，要是我那時有健全的界線，很可能就不會有婚外情，以致婚姻破裂。要是我打從一開始便跟丈夫堅持自身的界線，或許不會結婚。至少在我發現這段關係有所欠缺時，不會向別處尋找失落的碎片，而是結束婚姻。

一旦我們想方設法維持和平，就是在無止盡地傷害自己。我們壓根沒想過要這樣對待別人，卻忍心苛待自己。而且真相是：不論我們多麼努力地討好別人，都不必為對方的感受負責。他們才需要為自己的情緒、反應與需求負責。

未能設立界線就等於放棄真正的自我，後果相當嚴重，意即我們拱手讓出上天賦予的寶貴人生。當我們讓自己的欲望昇華，先滿足別人的欲望；只為別人活，不為自己而活，我們很快就會生病，不論是情緒或身體都容易出問題。

假如你經常覺得被欺負，彷彿自己的感受不重要，自然會感到氣憤、憎恨和怨忿。你可能幾年、乃至幾十年來都壓抑住怒氣，但它會透過某種形式冒出來。你可能某天突然爆發，嚇到身邊的人（包括自己），或發現自己生病了。有些人得了慢性病或重病，後來才發現是因為沒說出口的氣憤、恚怒，或未能好好消化的悲傷導致生病，這樣的例子多不勝數。我相信這些有毒的鬱結情緒，是沒維持住界線的惡果。

你可能直到生活一團亂，才猛然醒悟自己的界線被人踐踏。我們從小沒被教導要留意身體和心發出的警訊，總要等到太遲才察覺有問題。這是在壺裡溫水煮青蛙的典型故事。一開始放在火爐上，因為水溫低，還滿舒服。但逐漸加熱後，青蛙要到水已經沸騰才明白大禍臨頭。你和你的界線也是同樣道理。即使溫度上升，你可能還說服自己一切沒事，但很快就發現自己被煮熟了。

「麻木」的階段可能持續好些年，有時候是一輩子。我們實在害怕惹出事端，等到睜開眼睛直視現況已經太遲。

之所以忽視設界線的需求，原因之一是我們先入為主地認定設界線會引發衝突，害怕別人生氣或對我們感到失望。我們怕自己落得被遺棄或孤獨的下場，所以犧牲自己，以維持表面的和諧。情況可能並非如此。誠然有些時候設立界線可能產生衝突，尤其是對早就習慣被迎合的朋友、家人改變規則。但我們時常認定對方會生氣，卻完全預測錯誤。其實，對方現在才訝異地發現你不喜歡先前的安排，而且十分樂意配合調整。

我知道衝突很可怕，對於從小要忍受家中的虐待、憤怒和激烈爭吵的人來說，尤其如此。但為了避免設立界線所產生的不舒服，因而無法按自己的規畫來活，代價實在太大。

詩人大衛・懷特（David Whyte）曾說，若我們過真正想要的人生，某個摯愛之人會覺得遭到背叛。我的朋友羅榭爾正是如此。她二十三歲時移居另一個城市，而她父親因為她搬得太遠，感到被背叛。二十年後，他仍舊深感背叛。但她待在自己想住的城市，她父親只能接受現實。要是她那時讓父親違反界線，可能無法享受新城市帶來的美好生活。

羅芮兒・漢彌頓（Laurell K. Hamilton）在她的書《陰影之吻》（*A Kiss of Shadows*，暫譯）提到：「到了人生某個階段，你若非樂意接受自己和自己做的事，便是始終自輕自賤，過悲慘的生活。有些人會設法讓你過得悲慘，你自己別這麼做，否則就是在幫他們。」

有個聽起來偏激的說法：衝突未必都是壞事，可能只是顯露出人與人之間的不同，而我們可以尊重不同的意見。沒有人一定要對，也沒有人一定要贏。

我在《你可以把自己放在第一位》（*Permission to Put Yourself First: Questions, Exercises, and Advice to Transform All Your Relationships*，暫譯。舊版書名為*The New Relationship Blueprint*）一書中提到，我們必須學會容忍衝突。就是要顛覆現狀！我們必須冒著產生衝突的風險，才能設立界線，讓真實的自我重見天日。我們必須冒著產生衝突的風險，才能活出本就屬於我們的豐沛人生。

如果你以為這種轉變不可能，聽聽我的例子。當我做完本書列出的練習後，真的脫胎換骨了。我再也不願把自己包裝起來，讓其他人和這個世界更加接受我。我知道我跟任何人一樣，有資格滿足自身的需求，而且不願為了摯愛的人，放棄我的需求。對我來說，為了另一個人放棄自己不再是榮耀勳章，甚至不是選項。就算某人生我的氣，也比自我放棄好。

為了避免你將設立界線解讀為冷酷無情，我想說清楚：指出界線，不表示有權力踩過其他人的界線，或不肯慷慨寬大。事實上，我設好界線之後，更能夠配合其他人的界線。至於慷慨大方，如今我慷慨是真正想給予，不是因為怕得不到愛，而不得不給。

你最需要了解的只有一件事：讓別人失望並非世界末日。沒關係，這是常有的事。而身為成熟大人的責任之一，便是學會因應這種情況。我並非要你不顧待人的基本禮儀，只是請你用同樣的禮貌對待自己。容許他人一再讓自己失望，幾年後，你的人生就會變得悲慘。

你無法改變其他人

另一個關於界線的殘酷真相是：就算會讓某人失望，我們不僅必須為自己的人生與界線負起責任，也不能為了維持自身的界線，期待別人改變。也就是說，**別人沒有義務維持或尊重你的界線**。

我知道你又要說「哎喲」，但你想一想就明白此話不假。倡導全方位健康的作家克莉絲．卡爾說：「你只能幫嬰兒換尿布，但無法改變別人。」（譯注：換尿布和改變是用同一個字 change。）我們可能希望某人去做或別做某件事，但對方聽到我們的要求，有權決定是否照辦。開口要求是我們的責任，接著依照得到的回應做抉擇。無論如何，我們要靠自己滿足自身的需求。

聽起來有些偏激，尤其很難運用在戀情上。一直以來，大家都說另一半應當滿足我們所有的需求，但這是不切實際（事實上也不可能）的浪漫想法。要是我們期待另一半讀懂自己的心或照應自己的需求，注定會不斷失望。

沒人有責任滿足我們的需求，而別人的需求也不是我們的責任。（當然幼童是例外，父母有責任滿足小孩的需求。話雖如此，我的客戶也都開始跟孩子設下更堅定的界線，而且頗見成效。）

我的客戶艾比是這麼說的：「我覺得就像是一再伸手碰很熱的爐子，最後你學到教訓。當我請別人為我的需求負起責任，我就輸了。我無法為自己做的事，沒人會幫我做。」

你有權提出期望，表明自己能夠或不能容忍的事；若對方未能達到你預設的期望，你可以做出抉擇。別人不可能像你一樣，花心力經營你自身的界線。他們當然不會，事實上，他們可能比較希望你「忘記」界線，或出於膽怯不再捍衛你的界線，這樣他們就可繼續越界的行徑（不論是有意或無心）。重點是：你的界線歸你所有，不是別人的責任。

這並不是說，當你提出設立界線的請求，不能期待別人配合。老話一句，這是對方的選擇，正如「是否繼續和他們交往」是你的選擇。舉例來說，我和前任伴侶亞倫對於別人擅自提意見，有不同的感受。他喜歡別人給意見，也會主動提自己的意見。但我非常討厭別人這麼做，我不想主動給別人意見，也不想聽別人擅自發表看法，我會有種被批評的感覺。

亞倫和我必須針對這點進行協調。他覺得自己被迫閉嘴，我的反應則是：「我聽到了，而我沒空聽別人擅自發表意見，就這樣。要是你堅持提出看法，我會離開或掛斷電話。」

假如他始終不肯尊重我這方面的界線，很可能導致分手。他的行為是出於他的抉擇，而我對他的行為做出何種反應，是我的抉擇。

禪與維持界線的藝術

受苦是因為想要得到某物，或希望別人變得不同。所以在你為自身的界線負起責任時，也將明白一個道理：你不能指望別人改變來適應你的需求。人必須誠實檢視每一種狀況，然後決定採取某種行動，保持界線完好無損。這就表示人不僅得設立每一道界線，還必須持續保持。

在設立界線的過程中少不了這一環，但大部分探討界線的書或演講均未提及這點。我有一些客戶試圖維持界線，卻徒勞無功。她們設立界線後抱怨：「但我設了以後，她還是肆意踩過界啊！」

事實是：在你設下界線後，人們依然跨過界線是意料之中的事。即使你數度設下界線，某些人依然故我。你可以決定是否要一再劃下界線。

你無法改變別人的意思是：即使你設下了界線，也未必盡如你意。例如，你希望丈夫戒賭，但你改變不了他，所以必須著手改變他對你造成的影響。你可以選擇下列幾項新做法，捍衛自身的界線，同時體認到你無法改變丈夫的行徑：

- 讓他知道你不會再把薪水匯入你們的聯名帳戶。
- 讓他知道若你發現他賭博的證據，就不再給他錢。
- 叫他搬出去，或逕行提出離婚。

蒂娜和現任丈夫擬定一張清單，條列出「保持家庭和樂」該做的事。兩人各自有該負的責任。她先生同意，但有時沒有切實做到。「我厭倦了反覆提醒和要求，有時候需要他做一些事，他也不來幫忙。」蒂娜說。「最後我儘管覺得憤恨，還是把它放到待辦清單上，自己來做。我們之間反覆出現這種情形，我心裡清楚是因為我一直在做他分內的事。他表示自己忘了，而且一經提醒，就會很快把事情完成。但我不想提醒他，我覺得自己不像妻子，倒像他老媽，這讓我覺得火大。」

蒂娜不能改變或控制丈夫的行為，所以她有以下幾種選擇：（1）繼續幫他扛責任，為此覺得憤恨；（2）繼續對他耳提面命，為此覺得憤恨；（3）那件雜務放著別做，或許（重點在於可能）會讓丈夫記起自己的責任；（4）脫離這段關係，但她不想這麼做；（5）多看丈夫做了什麼事，為夫妻關係加分，少看他沒做的事情。決定權在她手上，畢竟上述選項統統可行，端視她的渴望和需求而定。關鍵在於要有清醒的自覺，再做出決定。

蓋柏莉小時候學到了一些教訓，其中一項是她應該接納家人和其他人，不論何時都只看好的一面。所以，每次她試著設立界線都無法保持，因為她覺得太過主張界線，意謂著沒有接納別人的真實面貌。但蒂娜和丈夫的情況證明了，我們可以在主張自身界線時，如實接納別人。再說一次，情況未必盡如人意，但多半能夠改善令人不滿的情況。

我的客戶芮妮沒有守住界線，遇到這種情況：「我的幾個小孩把『或許』當成『可以』，所以絕對不能說『或許』，只有『可以』和『不行』。如果沒有立刻說『不行』，就說『我們明天再看看。』」由於芮妮始終未能捍衛界線，基本上就是在告訴小孩：來違反界線吧。如果她願意，應該盡可能維持必要的界線，以取回對孩子的控制權。

若我們未能鞏固界線，就變成只會喊狼來了的小孩。我們設了界線，卻任憑別人踐踏。

如此一來，別人不會相信我們認真看待自身的界線。芮妮遇到的情況便是這樣；她沒守住界線，所以必須採取更堅決的態度。也因此，我給客戶的忠告是：除非你已經準備好維持常態的界線，否則先別設定限制。

若你無法改變某人的行為，設定界線似乎毫無意義，但我向你保證這麼做絕非沒有意義。步驟七會介紹幾個訣竅，好好說出你想設立的界線，但我現在想先提供基本方針。這樣一來，要是你現在就想設立界線，不必讀到後面幾章，也大概知道該怎麼做。

用正確的字眼來設立界線非常重要。劃分界線並非強硬要求，好比：「你不能這樣跟我說話！」也不是最後通牒，像是：「你要是再這樣跟我說話，我就離開你！」**界線是陳述我們的需求和底限**。重點在於要明確說出我們打算採取何種作為來照顧自己，而非要求對方採取什麼行為。基本格式是：「如果你做了X，我會做Y來保護自己。」試舉一例：「你用那種態度跟我說話，讓我覺得不受尊重。下次再發生這種情況，我就會離開現場來保護自己。之後若有必要，我會去姊姊家。」

你已經讓對方知道你打算離開，因為他的行徑讓你產生負面情緒。你無須爭論到底或進一步解釋，也不一定要解決你們之間的歧異。你們可以不同，但依然感情融洽。

假設你的伴侶只要多喝幾杯酒，就變得令人討厭，你不妨這麼說：「我發現你每次喝太多酒，我就覺得不舒服。下次再有這種情況，我會另外找地方過夜。」

要是他回應道：「好啊！你走啊！」你仍可維持界線，去別處過夜；決定權在你手上。相信自己有能力控制情勢，做該做的事來保護自己，而不是把對方的言詞當成威脅。

要是另一半試圖說服你留下來，該怎麼辦？只要記住一點：讓別人指點你該怎麼做，這是不對的。只有你才知道關於自身的一切。

一旦我們用這種方式設下界線，便做好準備，不再被其他人的行為所影響。我們不再是受害者。

對方在我們提出要求後，照舊踰越界線，我們很容易將這種行為解讀成缺乏關心。但很多時候並非如此。有可能這種行為已經變成習慣，也可能對方只有這麼做才有安全感。「我一心想丈夫會了解我的需求，因為我說出來了，但他卻忘了。」蒂娜說，「我覺得自己說得非常清楚，但又覺得好像活在《今天暫時停止》（*Groundhog Day*）的電影場景中。所以我得接受他的不足之處，看他記住了什麼。」她試著不去揣測這種行為背後的含意（其實並沒有）。她明白他的行為並非表示他不喜歡她。

和所愛之人維持界線尤其困難，我們必須隨時覺察內心的感受，才能夠釐清對方應該在哪停下來，而我們要從哪裡開始。要做到這一點，我們得將注意力從對方身上轉回自身。我們不必為對方的感受負責，雖然我們老覺得自己該為此負責。讓伴侶逐漸成為大人，為自己的行為、反應、情緒和抉擇負起責任，而這段過程可能不容易。

這麼做並不表示我們冷酷無情、不尊重人，也不表示沒顧及對方的意願，只表示我們不再把身邊重要的人當成巨嬰。我們首先考慮自身的需求和欲望。

大多數人為了避免設立界線，耗費大量時間找藉口，設法將事情合理化，或跟自己討價還價，在這個過程中逐漸遺棄了自己。

寧願自己沒設的界線

有時候，堅守界線可能意謂著對嚮往的機會說不。賀氏書屋旗下的作者羅伯特・荷登提到一件往事，他稱之為「對馬達加斯加說不」。

他受邀去當地演說，但他曾為自己設下一道界線：每個月只能有幾個晚上不在家陪小孩。

有機會去馬達加斯加固然非常誘人，卻踰越了他的界線。所以他決定拒絕。就算是一心渴望的事物，若它違背了人生的願景，也必須拒絕。

放下責備，轉而為自己負責

伊蓮跟她的大兒子之間有過不快，當時他二十出頭。那次事件為她上了寶貴的一課，她深刻了解到沒有明確說出需求，會有什麼後果。她們一家人去某個船塢玩，但大兒子說不想跟大家待在一起，轉而上了一艘船，伊蓮則跟丈夫和么子待在船塢。「過了一小時，我兒子還沒回來，」她說，「我原本想跟他一起消磨時光，隨著時間過去，我越來越生氣。我先生一直跟我說沒什麼大不了，但等我兒子回來時，我已經氣到不行，說了句刻薄話，挖苦他去那麼久。那句話讓接下來一整天非常不順。他拒絕溝通，拒人於千里之外。然後我也不理其他人，找個理由就對人發飆，包括我丈夫。我完全陷入受害者模式，然而，這齣鬧劇原本可以避免，只要我花三十秒跟兒子溝通，請他半小時內回來。」

我的客戶蘿拉說，「聖誕節期間，我經常焦躁不已，因為我先生的家人總是不斷抱怨，連一張大人的座位表也要拿來吵。規定超嚴格，而且是隨他們高興，要是你沒有完全遵守，他們就會生氣。所以跟他們一起過節完全談不上愉快，充滿壓力和不必要的衝突。但我沒有設下界線，每次都只是責怪老公要我去那裡。他會說：『反正我們也沒排其他活動啊。』我沒法拒絕，於是就去了，在那邊我每分鐘都想回家。前幾年，我開始堅持開兩臺車去，這樣他可以待久一點，而我隨時可以先走。去年我告訴他，不跟他們一起過節。我一直以來老是責怪丈夫和他父母，讓我覺得自己有義務跟他們一起過節，但我沒有理由這麼想。後來我才明白，除非我願意，否則他們無法控制我。他們覺得失望與我何干？該維持界線的人不是他們，而是我的責任。」

瓦勒麗也有類似的領悟。「我現在知道沒有人真的對我做了什麼。」她說。「我所有的人生經驗都是自願參與。現在當我想把不好的經驗歸咎於某人或某件事，就會提醒自己並不是這樣。很長一段時間，我覺得自己被前夫的行為迫害，要忍受他的謾罵。我花了很長時間才想通，他的怒氣不是我造成的，我也不必對他的感受或行為負責。多年以來，他只是表現出個性而已。他並不是對我生氣，而是對自己不滿，我不能幫他解決問題，也無法改變他。

儘管我還是常常覺得設界線很難，我得先脫離這段關係才能活下去。如今我知道我唯一的責任是照顧好自己，讓自己身心愉快，不要繼續當受害者。我一直都有選擇。」

「我和另一半相處時，沒有說出自己想要什麼。」我的客戶雪倫說，「我犧牲自己，換取對方的快樂。最後我覺得對方不在意我的需求，因此滿心怨恨，然後我因為自身的需求沒獲得滿足而責怪伴侶。我現在發現當自己開始覺得怨恨、氣憤，或者不想明說，而是故意找碴，就表示我沒有設立界線。我對自己說，前任未婚夫是混帳；他偷走我內心的平靜、喜悅，還有一大筆錢。事實上，是我讓他走進我的人生，讓他侵門踏戶，自願給他錢。他沒逼我做這些事。但有很長一段時間，我一直怪他。後來我看清真相，調整視角，承認讓他踰越界線是我的責任，我的人生才真正開始。我體察到承認錯誤、接受它、放下它，以及繼續往前走，所代表的意義。」

「我以前常責怪前主管要我加班到很晚。」我的客戶布蘭達說，「我沒認識到自己有責任設立且堅守界線。我擔心會丟飯碗，也怕製造衝突，讓辦公室氣氛變得緊繃。我覺得自己對這種情況無能為力。直到辭去那份工作，我才看清楚原來自己有很大的過錯，是我無能，沒有設法捍衛自身的權益。」在那之後，布蘭達對人事主管說，她不希望工作時數太長。

蓋柏莉有類似的情況。即使她上班苦不堪言，仍告誡自己別換工作，因為代價太高。但是，若她不願設法換更好的工作，終究還是她的選擇。

一旦我們翻轉受害者的故事，為自身界線負起責任，就獲得前此未有的強大力量。我們發現自己其實有一些選擇，儘管先前沒看出來。之後，我們可以決定做出何種抉擇。

我相當清楚要停止怪罪某人或某些人有多困難，因為你篤信這些人該為你的處境負責。不過，給自己一項挑戰：看看自己一直以來做了哪些抉擇，造成目前的局面。接著，設想一下你能夠做出哪些不一樣的選擇。

再說一個殘酷的事實：即使你有責任設立界線，可能會處境艱難，難以抉擇；不曉得該任由對方踰越界線，或是斬斷一段重要的關係。假設你的伴侶不肯管教子女，所以每次都是由你設下規定，這種情況該怪他嗎？你有哪些選擇呢？你可以請另一半坐下來、談談管教小孩的問題。若無法達成共識，也可以要求他跟你一起看諮商心理師。如果情況沒改善，那麼你仍有兩種選擇：容忍差異，或者結束婚姻。

這項決定很不容易。我在本章前面提到，因為你無法改變別人，有時候你就是沒辦法得到完全滿意的結果。你只能盡力創造出保持界線的情況。儘管很難做到滴水不漏，如果你明瞭自身的界線，願意溝通並挺身維護你想要的界線，就極有可能創造滿心嚮往的人生。

現在就從責任和選擇的新角度，來看看你想設立哪些界線吧。

> 請記住：踰越界線的人始終都是你，唯有你有責任盡量保持自身的界線，或在界線遭侵犯時，離開當下的情境。

步驟 2

通盤檢視你想設立的界線

「我絕對不會忘記自己是在哪個場合突然意識到，我極少有自己的想法，也忘不了那一刻的心情。」我的客戶蓋柏莉說道，「那時我已經讀完博士七年，在某政府單位擔任顧問。我在大會的會場跟一群人說話，聽見自己說『我先生說……』和『我先生認為……』，當我聽到自己的用字，著實嚇了一跳，因為我並未陳述自身的意見，我認為不值一提。」

由於父母的教養方式，蓋柏莉從小到大若發現有人侵犯到她的界線，即使感覺很糟，也只能勉強接受。在她的世界裡，愛表示絕對不設界線。

「我開始思考設立界線時，起初覺得滿勇敢的，」她說，「接著就覺得自己像是壞人，不肯盡量配合別人的需求。我非常不安，甚至覺得身體不舒服。設立界線好像對別人很壞似的。」過了些時候，她開始迴避某些人，這樣就無須面對設立界線的事，也不用承受不設界線的後果。

另一名客戶伊芳長年忍受伴侶的情緒虐待，最後失去了一切。她被趕出自己的家，汽車和隨身財產也沒保住。她隱忍了十四年，突然失控毆打丈夫，之後丈夫提出告訴。

蒂娜知道辦公室旁的停車場不安全，坑窪很大，人行道也不平坦。她不僅口頭上跟主管說起此事，還寫成書面報告，建議採取行動，但公司什麼也沒做。她需要設立界線，讓公司知道，若不肯修繕，自己就要離職。但她擔心失業，並未辭職。最後，她在停車場一連跌倒兩次。第二次跌倒使她背部骨折，對兩側膝蓋造成永久的傷害，最終還是得離職療傷。

伊蓮憶及數年前的一場事故，她不顧腦中的警鈴聲大作，仍舊坐進某個酒醉朋友的車。「我不知道該如何堅持立場，怕自己看起來『神經質』或者『太保守』。」在那一刻，她關心其他人怎麼想勝過自身的安危。

蓋柏莉、伊芳、蒂娜與伊蓮都跟我一樣，原本對界線的概念相當生疏。透過本書介紹的練習，如今她們知道，以往從未意識到是自己讓旁人踰越界線。儘管她們有不同的成長背景，沒人被教導要設立界線、堅守界線。這幾名女性從小到大都以為從眾才算「正常」，要以和為貴，就算心中不快也一樣。

對大多數人來說，設立健全的界線以維護身心健康，必須透過自覺自發的努力。顧及自身的需求和欲望其實是再自然不過的事，但我們長久以來被教導要違反天性，將需求和欲望放一邊。所以我們剝奪自身的舒適，好讓他人感到舒服。

這幾位客戶因為未能設立界線嘗到可怕的苦果，而且顯而易見，沒能設定界線主要源於不夠愛自己。我在先前的幾本書中提過，這裡再說一次：我教導的一切都跟愛自己有關，而愛自己包括設立並堅守界線。這就是為什麼我們最好先問自己一個問題：「我有建立讓我覺得自在的界線，讓自己身心愉快嗎？有哪些界線是我極力避免但應該要設立的？」

演練這些問題，會讓我們之中許多人有所領悟。若我們希望在生活中得到更多愉快、內在平靜、滿足與真心實意的交流，就必須讓自己醒覺，察知自己目前在哪些方面正容忍著相反的情況。因此，這趟旅程的第二步便是通盤檢視你想設立的界線。把它想成寫下你個人關於「界線」的待辦事項，把必須開始學會拒絕的事情統統寫下來。

自我犧牲的源起和後果

從古到今，世界各地的文化皆尊崇「壯烈成仁」（即犧牲）。我們被教導自我犧牲是美德，對別人越多照顧、越是善良。從孩提時代起，我們在學校或家中都接收過類似的教誨：除非表現乖巧，否則不配得到愛。乖巧是什麼意思？是讓別人快樂，就算在這麼做的時候，犧牲掉自身的快樂也在所不惜。

這是偏差且不健全的思維——我們的文化規範是時候升級了。晚近研究紛紛指出，自我犧牲可能導致憂鬱或極端焦慮。譬如，二〇一七年刊登於《自然人類行為》（*Nature Human Behaviour*）的一篇研究論文顯示，比起自私的人，越是善良敏感的人，越可能得憂鬱症。

如果我們不好好照顧自己，不僅影響到身體健康與身心平衡，還會損耗人際關係。當我們被訓練成給得越多越好，就很容易吸引「予取予求的人」來到身邊。畢竟若你需要無私地照顧他人，藉此感到安全，就得找到一些人來接受你全心的付出！當然，這類關係既不平等、失去平衡，容我以過來人的身分說，也不有趣！正如我在上一章所說，你大可指控別人，在心裡暗罵對方予取予求，但一個巴掌拍不響。若非你情願給，一味付出，這支雙人舞早就結束了。

我們下意識以為被視為壞傢伙（甚至自私）的下場，是被逐出團體、被遺棄、沒人愛或者形單影隻。我們不願面對如此恐怖的命運，寧可扭曲本性，讓別人覺得我們容易相處。這種傾向在青少年時期尤為突出，因為被同儕接受對那個年紀的人而言，可說是絕對必要。我們否定真實的自己，配合社交團體，做同儕認為酷的事。我們假藉「被接受」之名，做不想做的事，容許他人用傷人的方式對待我們。我們隨俗從眾，即使覺得不受尊重、遭受侵犯甚至錯待，也不敢稍有違拗。

這種行為也可能源自於我們下意識以為自己不配得到尊重。我們把別人看成比自己更具價值，因此暫且放下自身的欲望。對多數人來說，這種傾向延續到成年。

倘若我們想設立的界線恰好與文化或家庭規範背道而馳，就更加棘手。假如你來自幾乎無界線可言的文化或家庭，大概會擔心家人說你想設立界線未免太離譜。當你打破家庭成規，比如請哥哥改進行為舉止，或者決定不回家過節，可能就會發現其他家庭成員驚駭莫名。我沒打算否認，在你鐵下心設立界線的過程中，大概會弄翻幾艘船。（我就弄翻過！）但別無選擇。讓自己穿上隱形的緊身衣，不去過原本屬於你的人生嗎？你的命運絕非如此。你已經準備好接受新事物，否則也不會讀這本書。

最近有位客戶普拉亞想跟家人劃一道界線，但她知道並不容易。家人希望跟以前一樣，全家一起去旅行，但她這次不想去，因為她知道一定是充滿壓力和衝突。當我力促普拉亞設法劃下界線，她立刻退縮：「我想還是什麼也別做，希望一切沒事。」

我問她：「這招在以前管用嗎？」她承認這招根本行不通。什麼也不做是迴避的策略，等於答應去做不想做的事。普拉亞最終決定設下界線，不參加家庭旅遊。這麼做很難，但她可以利用那段時間做自己想做的事，因此更加快樂。

然而，有些人必須面對原生家庭的重大衝突，感受另一個人的怒氣可能極度令人害怕，因此他們竭力委屈自己，以維持和諧。

芮妮說：「我六歲時，看到媽媽對姊姊發脾氣。我記得媽媽的臉漲得通紅，拿起火鉗追打姊姊。然後我媽的鼻子斷裂成兩半，但兩人的說法不同：姊姊說是她自己撞到走廊上的門，媽媽說是姊姊摔上門，害她撞到鼻子。我看著整件事發生，蜷縮在角落裡。我知道自己不想被人拿那根火鉗指著臉，所以從那件事以後，我變得非常乖。這件事教會我一個道理：不要違抗、推諉或跟某人頂嘴，尤其是在那個人可以把愛收回去時，更要小心。要是我這麼做，我就會受傷，也可能是其他人受傷。由於我決意順從，父親對我性騷擾時，我沒辦法拒絕。我也發現自己在小孩開口要玩具、食物，乃至任何東西，都很難開口說不，即使搞到最後沒錢也一樣。我一心只想避免衝突，不計任何代價。要是有人叫我跳下去，我只會問多高，就算我的胃已經在翻攪。這種心態至今仍影響我做決定。舉個例子，我想加入本地合唱團，排練時間跟國際演講會（Toastmasters）的聚會時間衝突。我已經一年多沒去演講會了，也不打算回去，但我還是照繳會費，怕退出會惹人不高興。」

我明白有人非常害怕衝突。不難理解芮妮的童年經驗讓她餘悸猶存，但她已經成年，必須學會面對小時候的恐懼，拿回人生的主控權。

當我們害怕設立界線，就會為「不劃下界線」找藉口，認為它不至於帶來太大的影響，自己有辦法「應付」。許多人多年來不斷應付這類狀況，但我們大可不必多花心力處理。長此以往，造成情緒上的負擔，使我們心懷怨恨。怨恨自然而然會浮現，不論我們多麼努力克制也壓不下去。我們可能對子女厲聲喝斥，還是對另一半或同事採取被動攻擊，大肆發洩積壓已久的怒氣。時日一久，有人可能會發飆，或者像我這樣，用不良的行為徹底毀掉一段關係。稍早我便提過，我的客戶伊芳長年隱忍怒氣，最後對丈夫動手，被控襲擊。

若我們真正想說的是「才不要」，嘴巴上卻說好（或什麼也不說），就會陷入「覺得自己一定要說好」的迴圈，再三反覆。感覺一口答應是最容易的辦法。但是相信我，我以前習慣一口答應丈夫的要求，多年下來，我發現這麼做一點也不容易，雖然暫時不會爆發外在衝突，卻擴大了我們內心的衝突。我再說一遍：**當我們避免與其他人發生外在衝突時，就是在擴大內心的衝突**。因為我們無法一輩子埋藏情緒，只是把無從避免的衝突往後延而已。一旦我們的腦海再次浮現真相，會發現真相張牙舞爪，十分駭人。要是我們一開始就說真話，跟對方的衝突還不至於那麼嚴重。

有趣的是，我們經常大費周章想確定身邊的人沒生氣，最後卻把自己搞到火大。一旦發現對方越界，最自然的反應是生氣。他們怎麼敢這樣？但是，社會文化認定生氣是不可接受且危險，對女性和有色人種而言尤其如此，許多人長期以來被教導要按捺怒氣。我們得到的訓誨是：人的怒氣既危險又不可信任，所以我們得竭盡心力，避免表現出來。

然而，壓抑怒氣正是讓我們失控的前奏。一旦克制不住，下一秒會發現自己正在發飆。這是我們必須拋下過去、重新學習的領域。氣憤若是在有覺察的情況下表現出來，而非隨意衝著別人發脾氣，是極為強大的力量。關鍵在於學著說「我感到生氣」，首先對自己說，接著對應該聽這句話的人說出口。

當我們把內心的怒氣鎖起來，又衍生出另一個問題：不論壓抑何種感受，我們都必須讓自己對所有感受麻木。不可能只對氣憤或悲傷無感，而不同時減除喜悅和快樂。我們用來關閉負面情緒的「迴避的策略」（諸如毒品、酒精、食物、超量工作、運動、購物、漫不經心地上網；或者填上你最愛的活動），無法分辨好壞。

最終我們的身體抱住一個袋子，確保自己知道哪些情緒絕不可以出現。這說明了為何許多人首先察覺到體內有界線違反（boundary violation）的感受。我剛開始做界線練習時，便發現一件意想不到的事。每次當我面臨抉擇，即必須設下界線時，俗稱二頭肌的手臂肌肉中央會產生奇異的感覺，就好像有人拿倒鉤鐵絲網從後方箍住我，像纏繞的帶子般轉動。當我覺得完全受限時，就出現這股感覺，彷彿我別無選擇，只能違反自身的界線似的。現在只要我跟自身的真實情況脫節，就會有被鐵絲網纏繞的感覺。

我的客戶甘蒂絲在妹妹違反她的界線時，會覺得脖子上有塊神經被掐緊。有位客戶覺得緊繃處在下顎，另一位覺得在胃，伊蓮覺得咽喉卡卡的，彷彿內心的恐懼在阻止她說出遲遲不敢說的話。

露易絲・賀曾多次表示，若我們不注意身體發出的微小警訊，最後它會用非常明確的方式表達其感覺。芮妮沒在工作上設立界線，身體便開始出狀況，情緒也很糟，包括憂鬱症、焦慮、恐慌症發作，甚至想自殺。她還罹患了成人氣喘和克隆氏症。

我們太習慣輕忽身體發出的警訊，因此大多數人都沒能看出疾病和界線之間的關聯。我們忽視身體不適、痛苦和警訊的嚴重性，持續處於不利的處境，一再過度付出，直到無法再保持麻木為止。到頭來，未能妥善處理的界線和長期壓抑的怒氣，便可能對身體造成永久的傷害。

你仔細思考人生有哪些面向沒有設立恰當的限制時，一開始難免覺得消沉。你可能覺得自己是十足的受氣包，一切要從頭開始。但請記住：每個人都懂得設下一些界線。下一步便是檢視那些我們能夠輕鬆維持的界線。

所以，別急著想有哪些界線目前還無法設立，不妨先快速盤點那些你已經設立的界線。這項練習不僅能夠證明設立界線確有可能，你還會發現目前的生活已經設好了界線。

練習

你能夠輕鬆維持哪些界線？

在這項練習中，請你列出自己能夠輕易維持的界線，以及透過何種方式維持每一道界線。你可以寫在紙上，或選擇一項電子裝置進行記錄。

1. 至少想出五種目前為止你毫不費力便設好的界線，以及你運用哪些方法堅守界線。以下試舉數例，幫助你擬定自己的清單：

- **我有道界線：不讓陌生人進入屋內。**

  堅守界線的方法：我鎖上門窗。

- **我有道界線：不使身體受傷。**

  堅守界線的方法：坐進車內時，我繫好安全帶，避免搭乘酒醉駕駛的車，避開會動粗的人。

- **我有道界線：不生病**。
堅守界線的方法：我絕不吃任何會在體內引發負面反應的食物。我有過敏體質，所以避開貓。我不碰消遣性毒品。
- **我有道界線：不讓提袋被偷**。
堅守界線的方法：我束緊袋子，隨時注意它放在何處。
- **我有道界線：不做違法的事**。
堅守界線的方法：若有人提議做非法的事，我拒絕加入。
- **我有道界線：不讓我的孩子熬夜**。
堅守界線的方法：我要求子女在該就寢的時間上床睡覺。

2. 現在輪到檢視下列每一個生活面向，列出你已經設好的界線：

- 你和另一半之間是否有設下界線。（例如：你的界線可能是不准出軌。）

- 你和子女之間是否設下一些界線。（例如：你很可能規定宵禁的時間。）
- 你和父母之間是否有界線，假如雙親仍在世的話。
- 你和兄弟姊妹之間是否設下任何界線。
- 你和其他家庭成員之間。
- 你和朋友之間。
- 你和同事之間。
- 你和客戶之間。

你是否發現其實自己在某些方面滿懂得設立界線。這項練習會向你證明：即使是對你來說較具挑戰性的面向，你也會越來越懂得設立界線。

遲遲未設立的界線

你已經知道自己的確在生活中設下了明確的界線，現在來想想你一直以來迴避的界線，也就是遲遲未設立的界線——之所以沒設，多半是因為你無論如何都要避免衝突。但是迴避衝突意謂著，為了避免設立必要界線而產生一時的不舒服，就必須忍受長期的不舒服，有時達數十年之久。

大多數人未能察覺他人越界，或者消極面對，沒有採取行動防止對方踰越界線。因此若打算設立界線，我們必須有意識地做出不同的抉擇，以採取行動。若我們長年讓別人跨越界線，就更難做到這一點。你不敢突然採取與平常不同的行動，因為對方沒料到有此改變，而且可能不喜歡。

舉例來說，打掃家裡向來由你一手包辦，你覺得太累，為此心生不滿。但你已經啞忍太久，不曉得該如何處理。或許某些親戚心血來潮就去串門子，即使對你造成不便，你也沒有拒絕過。或許上司老是在週末分派工作給你，卻沒有額外加給，而你怕丟了飯碗，只得默默接受。

我們決定不設下必要的界線，是因為認為維持和平最重要，而且擔心可能造成衝突，導致（一時的）不快。人總覺得界線難以設立，卻忘了不去設立界線也不容易，得耗費大量心力忍受糟糕的行徑，吞聲飲氣，假裝一切都好。許多人以為忍受長期的不快比較好，但正如先前的討論，當我們沒依照心意設立必要的界線，會產生更嚴重的後果。

設想你和某人交往，卻不提出自己的需求，因為害怕一旦設下界線，心愛的人就會離開你。為了把某人留在身邊，什麼都願意做，那麼你付出很高的代價換取此人的陪伴。不光是你的需求沒有獲得滿足，還為此耗費精神、小心翼翼，唯恐惹惱伴侶。也許你可以裝作一切沒事，但你心裡很清楚。

我知道你害怕失去自己在意的人，光想都覺得可怕，因此許多人始終留在不健康的關係中，盼望奇蹟發生，讓對方能夠明白事理。但嚴酷的真相是：如果只因為你說出或主張自身的需求，這段關係就走不下去，這算是哪門子的關係？倘若這個人要你犧牲自身的需求到這種地步，才願意留在你身邊，他真的關心你嗎？我要大聲強調，你值得更好的對待。何況，如果你經常得捨棄一己的需求來換取有人陪伴，那麼獨自一人卻保有自尊或許還比較愉快。

要是你覺得這些話很耳熟，不妨想像我把雙手放在你肩上，凝望你的雙眼：**你值得與真**

正欣賞你的人在一起，別為了另一個人而放棄自己。倘若設立界線會讓一段關係變好或破裂，你們需要針對這段關係進行嚴肅的對話。

我們過分重視其他人，意思是我們經常只想到別人的需求，絲毫沒考慮這麼做對自身造成的負面影響。大多數人繼續忍受長年的不快，直到像我一樣驟然出現人生的轉折，或者拿起一本這樣的書，開始有意識地練習設立界線。

對我的眾多客戶來說，戀情是最容易讓界線失守的人生面向，你可能也是如此。或許你主要的問題在工作上，或者跟子女有關。你可能很清楚在這個或那些面向上，某些該設的界線遲遲沒釐清。或許你在想：我根本不知道有哪些界線早就該設立。如果是後者，有可能是你跟自己的需求與欲望嚴重脫節，因此沒意識到自己在哪些方面任人踩過界。如果是這樣，我能明白。在我的婚姻裡，我丈夫規定我的飲食、衣著和運動方式，我不習慣檢視自己的欲望。若在當時有人問我的生活中有哪些遲遲沒設的界線，我大概會聳聳肩說不知道。許多年來，我可說完全沒發現自己一直在壓抑痛苦、怒氣和哀傷。

要找出早該設立的界線有幾種方式，其一是想想若你開始顧及自身的需求及欲望，會擔心失去哪幾段關係。如此，便知道一直以來你放棄自己，以換取旁人的愛或接納。同樣地，若發現自己經常在抱怨或嘀咕，不論有沒有說出口，都該審視目前的狀況，你很可能有該設卻未設的界線。

下方的練習會幫助你釐清人生中遲遲未設的界線，就算覺得自己充分意識到該設立的界線，按部就班做完練習之後，仍可能發現先前沒想到的界線。

練習

列出情緒清單，找出遲遲未設的界線

在這項練習中，首先請思索自己在哪些人生面向有負面情緒。接著，你要檢視會產生上述情緒，是否因為你允許別人踩過界。務必要寫下答案，記錄在日誌或任何一種電子裝置上都可以。

1. 想想自己的家、工作環境，以及你和家人、朋友乃至同事的互動。有哪些面向或情況會讓你產生以下情緒，統統寫下來：
   - **氣憤**：生活上有讓你生氣的地方嗎？如果有，為什麼？若不清楚原因，問自己為何某人會因為你遇到的情況而生氣。
   - **恐懼**：生活上有讓你害怕的地方嗎？如果有，為什麼？若不清楚原因，問自

己為何某人會因為你遇到的情況而害怕。

- **抑鬱：**你在生活上感到沮喪嗎？如果是，為什麼？若不清楚原因，問自己為何某人會因為你遇到的情況而沮喪。
- **無助：**你在生活上感到無助嗎？如果是，為什麼？若不清楚原因，問自己為何某人會因為你遇到的情況而感到無助。
- **無望與冷漠：**你在生活上感到無望或提不起興趣嗎？如果是，為什麼？若不清楚原因，問自己為何某人會因為你遇到的情況，而覺得無望或對生活失去興趣。
- **悲傷：**你在生活上感到悲傷嗎？如果是，為什麼？若不清楚原因，問自己為何某人會因為你遇到的情況而感到悲傷。
- **筋疲力盡：**你覺得生活讓你非常疲憊嗎？如果是，為什麼？若不清楚原因，問自己為何某人會因為你遇到的情況而感到筋疲力盡。

2. 再看一遍你針對第一項問題寫下的答案，然後回答以下問題：
• 我是因為界線被人侵犯才產生這種負面情緒嗎？
• 該如何改變這種情況，才能得到我真正想要的結果？
• 我可以設下什麼界線，更貼近我的欲望？
• 我已經對自己和他人明確說出界線了嗎？

3. 現在檢查你的成果，把有必要設立但遲遲未設的界線列出來。這些便是你早該設立的界線。

例如，你可能這麼寫：「我對姊姊感到生氣，因為她在家人面前貶低我。她這麼做已經好幾年了。我早該設立的界線是，告訴她下次若再貶低我，我立刻走人。」

或是：「我覺得沮喪、疲憊，因為我不知道婚姻是否撐得下去。我竭力想維持岌岌可危的婚姻，從未替自己打算。我早該設立的界線是不再因為害怕失去妻子，而想方設法安撫她，現在起要努力讓自己快樂。」

我有些客戶寫下她們早該設立的界線，包括：

- 我做的工作要索取報酬，即使顧客希望免費取得。
- 要求丈夫尊重我。
- 不再給成年子女太多錢。
- 要求加班費。
- 不再把自己的私事告訴父母和兄弟姊妹。

這項練習可能帶給你前所未有的啟發。若你發現有些界線讓你在生活中出現情緒問題，請鼓起勇氣去面對。接下來的章節會幫助你掌握一些策略，以修正目前的情況。

界線金字塔

我相信你已經注意到，並不是所有的問題都處在同等位置，即使是遲遲未設立的界線也一樣。某些界線造成很大的傷害，某些讓人略感惱怒，另外一些界線介於嚴重和輕微之間。

舉一個稍微令人惱怒的例子：我有個朋友不看電視，她去探望母親時，發現家中的電視從早到晚都開著，快把她逼瘋了。因為那是母親的家，她覺得不該要求完全關掉電視，但她問母親，吃晚餐時是否可以關掉聲音，這是她的界線。她母親還是希望聲音開著（因為有益智節目《危險邊緣》〔*Jeopardy*〕），她也同意了。我稱這種界線為錦上添花型，意即有界線比較好，但它不致影響你的身心健康。

接著是中等程度的界線。這些界線會讓你活得更加輕鬆愉快，屬於最好要有的類型。例如，有個好友白天傳幾封簡訊給你，期待你很快回覆。但你就是無法一直放下工作，回簡訊給她，你想請她不要在工作日傳簡訊來，除非有急事。此事並不急迫，卻已經讓你對朋友產生怨懟。還有一種情況可能發生在辦公室：一群人聚在茶水間大聲談笑，恰好就在你辦公室外面，即使關上門也很難專心用電話討論事情。碰到上述情況，你想拜託這群同事待在你辦公室外面時，盡量放低音量。

最後是對你來說非常重要的界線（即基本的底線），全都是你最害怕、因而一拖再拖沒設下的界線，是你不願再忍受的行為。要是這些行為繼續下去，你會採取某種行動保護自己，甚至可能抽身離開現場。譬如，也許你丈夫每回跟你父親碰面，都要為政治問題爭論，對你造成巨大的壓力。你將內心的感受告訴他，並且讓他知道，下次他再這樣，你會離開客廳甚至這個屋子。

我最重要的界線之一是，我一醒來就要冥想，這是我想要也必須做的事。因此，我對伴侶設下界線：要等我冥想結束後，才會跟他說話。對我而言同樣重要的界線還有：別在我家抽菸，不接受小氣刻薄的批評。我的朋友安娜有一道重要界線：當姊夫脾氣又失控時，她會離開現場，不跟他待在同一處。我的客戶艾列克斯的重要界線是：姊姊若開口打探他的隱私，他拒絕回應。

別擔心，我並非要求你現在就設下任何界線。這個步驟只是先檢視有哪些界線需要設立，讓你在擬定界線之前，有機會評估自己需要哪些界線。請記住，若某個界線讓你感覺不快，你不必急著設立。每個人都有各自的時間表和過程。但有一點很重要：把你覺得當時機成熟，你會想設立的界線寫下來。這是此一過程的關鍵，所以不要欺瞞自己。勇敢一點，想想有哪些尚未設立的界線，統統寫出來。

另一方面，現在你開始覺得自己有權設下界線，可能想快點設一道重要的界線。我的建議是先暫緩，最好等到步驟七到九，再著手設立你至今未說出口的界線。繼續讀下去，別直接跳到你的重要界線，這一點尤其重要。接下來幾章不只是幫助你培養勇氣，以設立自身的界線，還能讓你準備妥當，更有機會成功。

練習

你的界線金字塔

做這項練習時，回頭看看你早該設立的界線清單，進行適當的分類。

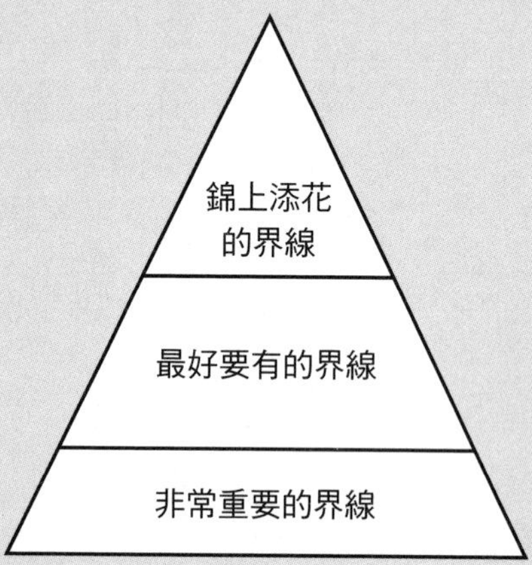

1. 你認為哪些界線是錦上添花型？把它們放到金字塔頂層。這些界線不難設立，但不太容易達成，會讓你覺得情況真的可以這麼順利嗎？舉例來說，你想將臥室裡的溫度調節器調成夜間舒適的溫度；或者在孩子們放學後，晚上六、七點之間有片刻安靜。

2. 你認為哪些是最好要有的界線？這些界線會大幅提升你的生活品質。把它們放到金字塔的中間。好比設下界線，晚上八點後不再接哥哥的電話，或請鄰居移開垃圾箱，別放在你家的土地上。

3. 你認為哪些是極為重要的界線？這些事長期造成你的不快，如果不怕得罪人的話，今天就想設下界線。可能是你不再負責打掃家裡，或在你媽開始叨唸你有哪些事一直沒做好時，起身離開。

把這張「界線金字塔」圖表收好，閱讀本書的過程中，你必須多次回頭參照這張表。

你現在有了這張「界線金字塔」圖表，應該充分了解自己需要在人生中設下哪些界線。繼續讀下去，你會發現更多該設立的界線。接下來要開始介紹步驟三，在我們試圖設立界線時，得先學會排除某些情緒上的障礙。

請記住：設立界線之後，你必須面對某些後果。但是，不設界線也會產生某些後果。

步驟 3

克服共依存症

「我小時候老是小心翼翼，先感受家裡當下的氣氛，再拿出該有的情緒或反應。」潔西卡說。「現在跟我爸相處還是這樣。即使是打電話，他一接起來還沒打招呼，我就知道這次聊天會不會順利。這次是『好心情先生』、『暴躁先生』，還是完全不同的人？這段關係充滿毒素，有次我打算向他攤牌，居然就得了帶狀皰疹。我很想說自己已經放下，不再受他影響，但並非如此。光想到要去探望他，就得先擬定策略，而我妹和我至今還會玩『你跟爸說了嗎？』這種遊戲，這是不健康的依賴。我們很多事都不讓他知道，擔心他有何反應，有時則只是不想『應付』他。」

蒂娜說，如果她想做什麼，但先生缺乏意願，她就會壓下這股渴望。後來她乾脆不再提自己想要什麼。「因為他不想加入，我不再做自己喜愛的事。我先生不喜歡酒吧。剛認識他時，我的朋友都在玩樂團，所以儘管我不喝酒，也經常待在酒吧唱歌，或者看朋友表演。但最後，我和那群朋友斷了聯繫，因為我先生不想參加這類活動。我發現自己陷入一個模式，不斷放棄自己覺得重要的事物，然後感到憎恨。雖然我可以主張這些是我選擇的事物，還是很難面對難堪的現實。」

瓦勒麗的幼時經驗讓她習慣抹煞自身需求，成年後依然如此，直到現在她才試著將自身的欲望納入考量，在生活中設下各種界線，那是她迫切需要的保護網。

上述例子都是共依存症。人們做出這種行為時，表示他或她優先考慮別人的需求。我為共依存症下的定義是：期待某人在情緒上控制我們。換句話說，我們要先得知身旁的人有何心情，才能夠決定自身的心情。

一般人經常以為說某人有共依存症，是指他或她縱容有成癮症的人，但未必如此。許多人都處於強烈依附的關係，即使周遭並無上癮的人。我們和潔西卡一樣，習慣先確認身旁的人情緒的溫度，才想到要確認自身的情緒溫度。但順序弄反了！我們必須在確認其他人的情緒之前，先學會確認自身的情緒和欲望。

我們為什麼會依附他人？因為依附讓我們感到安全。我們想著要先確認他人的意見，這樣大概就知道自己的看法是什麼。背後的概念是：如果我們知道別人比較願意接受哪些看法，就不會因為自身看法遭到恥笑或被孤立。多年來，不論是在婚姻或其他人際關係裡，我都是這麼做。

許多人之所以無法在人生中設立界線，其中一個重要原因便是有共依存的行為。因此，在設立界線的過程，步驟三就是：必須克服共依存症。

共依存和界線

嚴重依附他人者，很可能覺得擁有異於他人的欲望有些奇怪。當我們被問及想要什麼，會自動想到別人要什麼。當我們說出欲望，鮮少考量自己的健康快樂，大多是為了讓自己在人際關係中保持安全。

共依存的人很有同理心。我們「承擔」他人的能量，因此界線可能變得岌岌可危。我們難以找出人我之間感受的界線。若我們所愛的人遇到狀況，彷彿跟自己切身相關。許多人竭力確保身邊的人安好，卻極少關注自己是否好好的。我們對自己說，這麼做是在保護別人，以免他們有負面情緒或面對不良後果，但我們最終卻得嚥下苦汁。

結果呢？我們為了照顧別人，保持和氣，維繫人際關係，卻踰越了自身界線。我們明明不同意，嘴上卻說好；若有人問我們真正想要什麼，我們自己都不清楚。對許多人來說，這麼做甚至表示容忍欺凌的行徑。

這種行為可能以明顯或不起眼的方式顯現出來。舉例來說，我有個朋友經常忍受不太好的按摩經驗，因為她不敢請對方改變按摩手法，擔心按摩師覺得被批評；她實在開不了口，即使只是造成別人些微不快。此外，若她只要求調整按摩力道，按摩師可能根本不會理她。即使該評語確實啟動了按摩師本身的不安，身為成年人有責任自己設法消化這些感受。

大多數人在幼年時期開始出現共依存。如潔西卡所說，這樣的人必須小心查探別人的心情，並採取相應的行動，以保全自己。我們被設定成能夠敏銳察覺他人心情，也非常擅長把自己變成別人想要的模樣。

共依存的行為其實是出於控制情勢的強烈欲望，出發點是為了安全。以我朋友瑪西亞的母親為例，她替兒子代寫全部的家庭作業，因為她非常擔心他過不了關。因此，他長大之後對自己的能力沒信心。然而，對這位母親來說，她是盡力控制讓自己害怕的情況。不消說，當我們有共依存的行為，就表示我們正在設法掌控超出自身控制的事：他人的經驗。

除此之外，共依存也難以長久，因為這種行為主要基於對旁人看法的恐懼，不可能一直延續。而且，這是不誠實、虛假的行為。我們只能暫時把自己擱置一旁，自己吃麵包屑，同時對別人奉上美味佳餚。我們最終會覺得付出太多。真實的自我想要公平、想爆發出來，這樣就可以做真正的自己，在人生中發揮潛能。就算我們竭力否認，也壓制不住內心的強烈欲望：展現真我，並且在對別人和自己的付出之間，取得平衡。讀者會從本書獲得某些教訓，這就是其中之一。

若要改變關係成癮的傾向，我們必須覺察到自身的欲望和需求。接下來，必須學會保有這些欲望和需求，而非讓其他人的感受和願望，改變我們自身的欲望或需求。我花了很長時間才學會保持自己的好心情，不管旁人有何感受都影響不了我。如今，即使某人感到沮喪或氣憤，我仍能保持當下的心情。

想覺察自身的共依存行為，就得先學著注意自己是否被捲入別人的情緒風暴，或以為別人的欲望比自身欲望更重要。這麼做需要保持警醒與覺察。我們必須先留意自身的行為，才會注意到自己沒考慮自身需求，卻將別人放在首位。若想在給他人養分之前，先給自己養分，第一步便是覺察。

潔西卡正努力改變自身的共依存行為。某天，她妹妹傳了封簡訊，說自己還欠律師一筆費用，付不出來很煩。「換作以前的我會立刻說，先用我的信用卡來付，希望她分次還我。」她說，「但我沒這麼做，而是告訴她，我很遺憾聽到這件事，問她有無請求分期付款。她回覆說，她相信事情總有辦法解決。我內心有一部分仍覺得不好受，但並未回心轉意。這麼做的好處是有了自尊自重的感受，也沒有數千美元的信用卡債務！」

改變這些將別人看得更重要的習慣，似乎得花上不少心力，卻可能為你的人生帶來極大變化。我認識的每個從小養成共依存行為的人，在踏上療癒之路後，都發現生活品質有非常大的改善。

我的客戶寶拉努力走出共依存模式後，發現生活在許多方面都出現好轉。以下只是其中一例：「我兒子保羅讀小學時，每兩週見羅伯特（父親）一次。」她說，「對保羅來說，這個時間不夠。下回探訪的時間還沒到，他就開始想爸爸。他有時會不守規矩，藉此發洩受傷的感情或思念。我以前常打電話給羅伯特，提醒他打電話給保羅。然後羅伯特會打來，保羅就很高興，而我也是。」在我開始改善自身的共依存傾向後，才領悟到在我告訴羅伯特要怎麼做父親，像是何時跟保羅聯絡，用什麼方法聯絡，其實是一種控制。我期望羅伯特更常參與保羅的生活，試圖讓他做出更符合期待的行為，因為我認為他應該這麼做。我領悟到就算我想方設法控制局面，保羅遲早得處理內心受傷的情緒。所以我不再要求羅伯特打電話給兒子。我知道保羅一開始會難以接受，但長遠來看，這樣對大家都好。幾年後，保羅長大了些，他總算跟爸爸一起找出溝通的時程和方式。對我個人最大的影響是：壓力減輕了！」

我在《你可以把自己放在第一位》中，率先提出顛覆俗見的概念：**我們不去承擔別人的情緒或問題，仍可關懷對方**。共依存的人可能覺得這種說法很費解，但確實如此。如同寶拉所說，我們甚至可將此訣竅用在親子相處上。這個說法真可謂驚世駭俗。的確，我們必須為小孩的身心健康負責，卻沒有責任時時替子女遮蔽人生的風雨。而人生終究包含了許多感受和經驗，好的壞的都有。

然而，讓自己和他人的需求脫鉤，不表示我們不愛對方。當我們太過照顧所愛的人，彷彿他們沒了我們，就沒有能力照顧自己，等於不讓他們長大。對每個人來說都不好！反之，我們要培養自覺，提醒自己別做得太多、給得太多，導致對方無法為自己負責。接下來，我們便可以建立必要的界線，使自己身心愉快，讓別人為其自身的健康快樂負責。

克己和內疚

想知道自己是否有共依存症嗎？看看自己是否覺得內疚，這是最常見的症狀。當我們覺得有責任讓其他人快樂，很容易因為自己也有需求和欲望而陷入自責。

瓦勒麗付出沉重的代價才學到這一課。「當我選擇自己，做自己想做的事，就覺得內疚，而且羞慚。」她說。「我會編造謊話，或把對我來說很重要的事物藏起來。」雙親在她小時候離異，母親不願看到瓦勒麗愛父親，瓦勒麗為了得到母親的接納，與父親斷絕聯繫，試著不去感受心中對父親的愛，雖然這麼做非常痛苦。在她還容易受影響的年紀曾發生一件事，之後她便認定重視自身感受是錯的。「當我鼓起勇氣為自己做出抉擇，我覺得自己很差勁，在這麼做的時候傷了別人的心。」當然，大部分時候，她的抉擇對別人來說毫無影響，更談不上傷害。例如，瓦勒麗覺得拒絕參加朋友聚會不太好，但沒人覺得這有什麼大不了。年幼時養成的信念會繼續影響我們的生活，除非我們培養自覺，針對這些信念提出質疑。

我的客戶瑪莉在練習設立界線時，內心充滿罪惡感。具體來說，她得跟雙親設下界線，兩老希望她每週聽他們訴說自身的問題，而且不止一次。負能量開始嚴重損害她的健康，但若對他們說，她以後沒空聊這些，又讓她覺得難受。儘管如此，她內心的罪惡感提醒了她一件事：她這輩子都沒守住自身的界線。隨著瑪莉越來越懂得照顧自己，並且允許別人為自己負責，罪惡感隨之消退。

內疚是自然反應，而且並非世界末日。我們感到內疚時，仍然可以堅守對自己來說正確的界線。內疚已經變成一種習慣，也是讓我們維持現狀的安全機制，並不表示我們做錯了什麼。事實上，內疚表示我們某件事做對了！下面這段話提出另一種極端的想法：

> 若你設立界線時感到內疚，這是好事！
> 表示你終於突破舊模式，開始尊重自己。

當我們著手改變和所愛之人相處的規則，覺得內疚很正常，但這種情緒可以忍受，撐過去就好。

多年前我還不了解這個重要的道理，有次我和露易絲．賀在倫敦，那時賀氏書屋正在舉辦活動，露易絲邀我一起去參觀幾座花園，但我疲累至極。我得先照顧好自己，於是鼓起勇氣拒絕了她。我對露易絲．賀說不！對她而言這是小事一樁，對那時的我卻是不得了的事。我非常內疚。但我現在知道內疚是好消息，對我來說是一大轉捩點。我並未不加思索就對十分重視的人說好，而是好好照顧自己，表示我開始學著對自己好。而且我開始了解到，只因為我感到內疚，不代表我要對別人的失望負責。

有件事我一直覺得有趣：像我們這種共依存的人只會要求自己犧牲，卻極少要別人犧牲。若我們能夠這麼做，我們關係當中的給予、接受比例就達成平衡，也就沒有過度付出的餘裕，反而會欣然領受。一味犧牲是覺得自己很重要，我們對宇宙堅持要一肩挑起照顧別人的重任。為什麼我們會覺得自己如此特別？

我說過許多次，若我們長期否認自身的需求，這些需求會透過其他管道間接發洩。我所說的間接是指需求本身可能透過無意識的行為呈現，也可能透過心理或生理疾病展現。某些情況下，人生會突然逼我們做出改變：另一半提出離婚、我們被解雇、家中房屋付之一炬，或者我們弄壞了車。這類事件看似隨機發生，卻是很有效的警鐘，提醒你深入思考自己做過哪些決定，才會過目前的生活。你有照顧好自己嗎？有留意身體和內心對你發出的警訊嗎？你是否將自身的快樂和滿足視為優先？如果沒有，你得做出改變。

不過要做到這一點，我們必須試著培養更強大的自我價值感。當自我價值感增加，就會越來越介意只拿到麵包屑，而沒有完整的一餐。自我價值、共依存的行為和界線，以這種方式緊密相連。當我們覺得自己有價值時，便知道自己有資格拿得跟別人一樣多，而且一定要拿到手才行。正如研究型教授暨暢銷作家布芮尼．布朗（Brené Brown）所說：「唯有當我們內心深處相信自己夠好，才會說夠了！」

我剛開始設法提升自我價值，試著設立界線時，那時的治療師遞給我一條繩索，讓我坐在地板上。她要我用繩子圍住自己，標出屬於我的個人空間。我把繩子放在身旁，膝蓋縮起來、緊靠胸部，雙手抱膝，盡可能把自己縮小。換句話說，我幾乎沒有移動、呼吸和自由自在的空間。我把個人空間全都交給別人。我要告訴你，地板上的繩索意義重大，我清楚看到自己犧牲了那麼多，只顧討好別人。

梅樂蒂．碧緹（Melody Beattie）在《每一天練習照顧自己》（*Codependent No More*）一書中寫道：「我以前花許多時間回應其他人，以致失去生活的方向。其他人的生活、問題和想望就是我人生的路線。一旦明白，原來我可以認真思考自己想要什麼，生活中開始出現一些不尋常的事。」

我對此極有共鳴。我甚至沒辦法形容目前的生活有多愉快，或比以前好多少倍。如今，我規畫自己的人生，按自己的方式去過。我先釐清自己想要什麼，才答應其他人的要求，而且將自身的欲望放在首位。我每天都依照自身的渴望和需求做決定，而且相信身旁的人也會設法滿足自己的渴望和需求。我不退讓，也不會默默順從，或勉強配合別人的需求。若我必須說不，才能得到想要的事物，我就會這麼做。我現在充分了解到，別人對我的實際情況做出何種反應，並不是我的責任。當我慷慨待人，是因為我真心想給予，並非怕惹麻煩或者想讓別人喜歡我。當你著手治療共依存的行為，學著設立界線，就可能出現上述情形。

練習

共依存行為在哪方面妨礙你設立界線？

這項練習有兩個部分。首先，評估你是否有共依存的行為。然後，探索你的共依存如何影響你設定界線的能力。在日誌或電子裝置上把答案寫下來。

第一部分：你在人際關係中有共依存行為嗎？

1. 下列問題是關於你在感情關係中的傾向，請回答：
   - 你是否經常覺得只有自己努力維持這段感情？
   - 你覺得給自己的時間不夠嗎？
   - 你是否經常覺得伴侶或身旁其他人，不知道該如何正確而圓滿地完成工作？

- 你周遭的人習慣仰賴你擬定計畫、搞定細節嗎？
- 你是否發現自己曾陷入感情的泥沼，情緒無法抽離？
- 你是否經常壓抑情緒，以免傷別人的心或惹人生氣？
- 別人傷害你的感情或做了某些不識相的事，你遲遲無法開口告訴對方？
- 若有人找你幫忙，你是否覺得難以拒絕？
- 你常因為答應別人太多事而喘不過氣嗎？
- 你是否認為要客氣一點，讓別人做決定，哪怕這個決定可能對你造成影響？

若任何一題的答案為是，你很可能有某種程度的共依存行為。針對答案為是的題目，將你踩到自身界線的行為都列出來。例如，若你在「你常因為答應別人太多事而喘不過氣嗎？」這題的答案為是，可能會寫出這樣的例子：「我踩到了自己的界線，因為我明明沒時間，還是接下親師協會的主席一職。」

第二部分：你的共依存行為在哪些方面對界線造成影響？

1. 你平常對哪些人照顧最周到？列出清單，他們很可能是家人或朋友。
2. 在每個人的姓名旁邊，寫下你經常為他或她做的事。若你願意坦白承認，這些都是他們自己辦得到的事。
3. 在上述每段關係中，當你擔負這些責任時，形同准許對方踰越什麼界線？
4. 若你做這項練習時，想到其他該設而未設的界線，翻到上一章的界線金字塔，把它們加進去。

當你站在別人界線的另一端

本書主要討論我們應該跟別人劃定的界線，但每個人都免不了踩到別人的界線。你是否記得別人在某個時候對你劃下明確界線？你有何感受？若你覺得不舒服，這項經驗或許讓你更加相信跟別人設定界線不太好。既然你現在已經明白設立界線很重要，你可以在內心重新建構那次經驗嗎？

諷刺的是，人過度付出的傾向，有時會讓我們踩到別人的界線而不自知。我的客戶寶拉回憶，有次她陪朋友去家具店買一張長沙發：「她付了錢，我針對合約條款問了幾個問題。我朋友看著我說：『這不關你的事。』她說得對極了。我道了歉，不再問問題。每當我想要用共依存的方式干涉別人的事，就想起這件事，提醒自己注意分寸，管好自己的事就好。」

寶拉並非胡亂發問，她提出問題是想幫忙，但這麼做就是無意間將朋友當成孩子，彷彿這名成年女性無法獨力處理買沙發一事。共依存類型的人很容易無意間踩到別人的界線，這是典型的情況。

重新定義自私和自重

自私不該有那樣的惡名。有一種自私，是你踩到每個人的界線，不在意有無傷害別人；另一種自私是拿來當成虧待別人的藉口。我說的自私與上述兩種都無關。但我真的認為社會上認定自私一定「不好」，導致許多人拒絕我們該有的自愛與自重。

我期待了很久才有今日的結果，我現在認為對自己最好的做法，對我所處的關係也最好，不論是跟另一半、家人、朋友或有業務往來的人。若我為了別人踩到自身的界線，我知道內心會感到憎恨；同時也知道，相較於設立界線導致短暫的衝突，內心的憎恨對人際關係更具殺傷力。

相信我，在過去幾年間，我一再測試這個道理。我發現一件事：若我們都考慮自身的最佳利益，每個人都能得到更多想要的東西。當然，我指的是合理利益，絕對不包括傷害別人的事。造成傷害的行徑，絕不可能符合任何人的最佳利益。

我這麼說，並非表示我從來不會跨出舒適圈去幫助別人。稍早說過，我發現若我不覺得有義務照顧別人，我更想要給他們幫助和關愛。如今我為其他人付出，不再是出於責任或覺得有必要證明任何事。我是發自內心想這麼做。我給別人的禮物不再沾染憎恨或渴求，而是乾淨無暇，不求對方回報。而這麼做並未使我耗損，反而補充了能量。

我認為自私、自我照顧和自愛是三姊妹，她們的工作是支持我們自重自愛。若你設立界線，以滿足自身的需求，先討好自己可能讓某人失望。但這樣並沒有錯，比起有共識，培養感情更重要。大多數人以為要保持情感交流，讓關係長久，就得表示同意，但事實絕非如此。每一段關係都會出現歧見和差異，而不同意絕非表示關係斷裂。

每個人都有責任滿足自身的需求。嘿！一旦你的伴侶、手足或同事開始設立界線，為此失望的人恐怕就是你了。但這也沒關係，大部分關係都經得起失望的考驗。長期過度付出，因而產生憎恨，才會導致關係破裂。

我們只須培養表達不同觀點的技巧，讓對方明白你並非在爭對錯。如此一來，就算其中有一人（或雙方）落得失望的下場，兩人都可保持界線，感情依然融洽。

關注自己的需求，並且設下必要的界線，讓自己身心愉快，並不表示會傷感情或拒絕別人。未必是二選一（A或B），有可能是兩者皆可。往往在我們照顧自己時，其他人仍可得到想要的東西。當然不是每一次都這樣，但兩全其美不像我們以為的那麼難達成。

我的客戶們都很難鼓起勇氣對親密愛人指出彼此的差異，或坦承內心的失望。出於某種理由（咳，童話故事和浪漫喜劇），一般人以為要維持關係和諧，必須完全意見一致。當我們在某個覺得重要的議題上有分歧，就驟下定論，以為彼此不適合在一起。現在我要戳破這個浪漫戀情的泡泡：人和人的意見難免分歧，包括你和你的伴侶。

關係若要延續，必須有能夠承受真相（你和對方的真實自我，即本性）的堅實基礎，即使（尤其是）有差異存在的時候。除非其中一方刻意隱藏本性，否則沒有一段關係可以隨時保持和諧。

所以，一段坦誠、負責任的關係是什麼樣子？舉個例子：我和亞倫交往時，我想要有更多的獨處時間，但亞倫渴望更多的相處時光。於是我先觀照內心，體認到那股對於獨處的欲望。接著，我得跟亞倫設下界線，讓他知道我每週有三天上午會進辦公室，關上門來處理事務，所以不能和他喝咖啡，即使我知道他珍惜彼此相處的時光。

我覺得設下這道界線不容易，亞倫也感到失望。但我先考慮自身需求，而非對方是否舒坦。我將自己視為優先。我不忍看到他失望，但我知道若是為了避免讓他不舒坦或失望，就放棄自身的需求，對我而言很不健康。他是能夠處理自身感受的成年人。

日子久了，亞倫越來越享受每週有三天獨自度過上午時光，對我們來說，這是最好的做法，可謂兩全其美，而不是二選一。

總有一些方式能夠滿足雙方的需求，而我要強調最佳做法是將自己視為優先，為自身需求負責，而對方為他們的需求負責。之後，你便可以愉快地享受共度的時光，放下期待，因為期待會造成衝突，而我們共依存型的人只想竭力避免這類衝突。若我們為自己負責，把自己放在第一位，就更可能避免這類衝突。我們自然而然地定期設下健康的界線，每個人都因而更加快樂健康。

學會忠於自己，是我給你最重要的提醒，若你有共依存的傾向更應留意。發現真實的自己，明白自己想要什麼，知道自己憧憬什麼樣的人生。接著，便可以依照這些欲望（而非別人的欲望）做出抉擇，設立界線。

我的客戶鮑勃說：「我以前做決定都是為了討好對方或別人。」他一直以為身為紳士便是犧牲自己的欲望，一定要讓別人獲得想要的事物。舉例來說，他在安排晚間活動、家庭旅遊或與妻子共同購買某物時，會放棄一己的欲望。但現在，他表示自己會先檢視這項決定對他有何影響，他是否可從中獲益，而非他是否能夠滿足對方。若他不想在週末跟太太去買骨董，就會明說，而不是陪她去，但心下怨恨。

若你和我一樣有共依存傾向，以自己為優先是革命性的想法。所以我要給你一項挑戰：找一天將你自身的快樂放在首位會是如何？如果太難，先從一小時開始，再慢慢增加，直到你逐漸習慣查看自己的欲望，並讓它們至少與周遭的人（即使是子女）的欲望一樣重要。

經常將自身的需求和喜悅放在第一位，會是什麼樣的生活？以下是非共依存型的人一天生活的寫照：

你一早醒來，手機設定在飛航模式。每天第一個小時只用來與自己連結。你進行冥想，寫日誌，花時間沖個熱水澡，吃一頓健康的早餐。你不急著回覆電子郵件，你感到快樂平靜，開始一天的生活。

當你打開手機，發現哥哥傳了封簡訊給你，說他一想到這個月的帳單就心慌，很怕繳不出來。換作以前，你會立刻回訊息，主動借他錢，但你早就知道他老是透支，一再搞出財務危機。所以你決定想好該怎麼說，稍晚再回訊息，但無論如何，絕不會提到要設法代他解決困難。

你不再這麼做。今天，你說出實話，保持界線，既沒有生氣也不覺得內疚。你想到對方會感到失望或不高興，因此有些微緊張，但你同時感到堅定。因此，你們進行坦誠的對話，達成某種協議，感覺每個人都是贏家。（誰料得到有這種可能？）

當天稍晚你要跟重要的人會面，可能是面試、與潛在客戶談話或是約會。以前遇到這種場合，你一定會設法展現最佳狀態，帶著笑容現身，好讓對方喜歡你。如今你看清了這種模式，採取另一種做法。

你現身時展現真實的自我，包括小怪癖在內。而對方就愛你這樣。你甚至發現自己最沒信心的某些特質，恰好是最打動對方的原因。

若你能夠逆轉時間，你會告訴過去的自己：這樣也可以。你不必收斂光芒，大可坦然直言，忠於自己。你真的能夠擁有值得你過的人生。而且重點是你現在知道了，人生只會益發美好。

聽起來像不切實際的幻想嗎？我向你保證絕對不是！就從拋開共依存的習慣，學著設立健康的界線開始吧。

練習

轉化罪惡感的冥想

下次當你又捲入共依存的漩渦，因而感到內疚時，試試看這項練習，可幫助你抽離其他人，把維持自身健康快樂的責任還給他們。

練習前要預作準備，務必關掉手機、電話，才能全心全意地進行。穿上寬鬆的衣物，坐在舒適的椅子或沙發上。若你想播放輕音樂或點蠟燭也可以。你可以把以下步驟讀出來，錄成音檔，就不必睜開眼睛，對冥想狀態造成干擾。錄製時，可以選擇跳過本段落。

請注意，本書各章出現的冥想段落，開頭部分都一樣。這樣你可以逐漸習慣放鬆的部分，進入冥想狀態會成為第二天性。

1. 閉上雙眼，做幾次深呼吸。全身各部位都要放鬆，先從雙腳開始。接著緩緩上

移到雙腿、臀部、肚腹、胸、背、雙臂、脖頸、頭部，直至完全放鬆為止。放鬆時別太用力，只要告訴你的身體放鬆就好。繼續往下做，身體會逐漸放鬆。

2. 想像一下，你的腹腔神經叢（上半身中央的扁平區域，位於下肋骨之間）和某人的腹腔神經叢用一條線連接起來，你認為自己對這個人的感受負有責任。你的情緒脈輪位於這一區。

3. 在腦海中描繪這個情景：你用一把假想的剪刀剪斷那條線，同時將對方放在他們的高我（higher self）的手心裡，那是他們最具智慧的部位，和宇宙智慧相連。

4. 當你這麼做，會覺得自己好像遺棄對方嗎？罪惡感出現了嗎？若是如此，深呼吸幾次，提醒自己，這個人有能力照顧自己、為自己負責。

5. 想像此人的高我在對你揮手，支持你設立界線、不再為任何人負責的欲望。

6. 為了讓你和此人分得一乾二淨，也讓你接受對方能夠照顧自己的事實，想像一道猶如保護層的白光，以螺旋狀從頭頂到腳趾環繞著你。這道保護層會讓你成為獨立存在的個體，和他人分開，你不再陷入別人的情緒和需求。

7. 請你也想像一道猶如保護層的白光，以螺旋狀從頭頂到腳趾環繞著對方。這道保護層會讓他們成為獨立存在的個體，和你分離，而他們的情緒與需求是自己的責任。

8. 當你覺得準備好了，動動腳趾和手指，並轉幾下脖子，讓自己回到清醒的意識中。張開雙眼，你知道自己已經放下對另一個人的責任。

9. 若你仍有罪惡感，請記住這恰恰表示你正在做出改變。每當罪惡感出現，讓你狠不下心設立界線時，閉上雙眼，再次剪斷那條線，同時在腦海中描繪你自身猶如保護層的光。

在練習設立界線的過程中，治癒共依存症是極其重要的一環，引導你往下挖得更深，找出更多擋在路中間的情緒障礙。當你的共依存症好轉了，便可朝步驟四邁進，開始挖掘你的潛意識。

請記住：若你設立界線時感到內疚，這是好事！表示你終於突破舊模式，開始尊重自己。

步驟4
挖掘你的潛意識

科學家估計有九十五%的心智活動是無意識的。這表示人大部分的情緒和行為是由大腦的一部分——潛意識所驅動，並沒有清楚的自覺。那麼，我們經常不知道自己為何有某種感受或行為，就沒什麼好奇怪了。我們為何放棄某些明知對自己有利的選擇，而做出會惹上麻煩的抉擇？難怪我們經常在關係中掙扎，覺得控制不了情況。

我們越是能夠將潛意識的想法導入清楚的覺知，就越是健康。隨著見識增廣，我們就不會躲在潛伏的恐懼和問題後面，遲遲不敢設立界線，而是更能基於自覺，主張自己的需求和渴望。

我已經提過限制性信念，有時也稱為「影子信念」。這些信念在我們年幼時形成，通常處於無意識的狀態，直到我們努力將它們帶進意識當中。儘管信念可加以塑造、修正，但我們成年後會以為那些信念是事實，就這樣過生活。

我花了幾年時間設法改善自身的影子信念，慢慢發現我在兩歲時便發展出「必須要完美才會安全」的信念。我的內心認定完美就是讓別人高興，因此幾乎沒辦法設下界線。這項信念或許毫無道理，而且在那麼小的時候就進駐我心靈的一隅，它長期主導我的人生，直到幾年前我才明白。

我有個朋友小時候因為表達生氣的情緒被斥責，因此她從小到大一直相信生氣是不對的。她從來不敢稍露不悅，而這種壓抑情緒的習慣，使得她難以設立界線。

上述信念皆非事實：生氣沒有錯，我們無須完美就可以安全生活。但朋友和我都認定這些信念是事實，依此立身處世，讓我們做出違背意願和需求的行為。當我們意識到影子信念的存在，就能為心靈的「運作系統」安裝更健康的新信念，這樣一來，我們就可以設立界線，滿足自身需求。

除了限制性信念，人的潛意識裡還有一些障礙必須探究、挖掘，以排除我們內心對於設界線的反感。進行這項步驟時，你只須這麼做：挖深一些，找出藏在底下的那幾行代碼，它們妨礙你設立金字塔內列出的各種界線。

潛在的承諾

暢銷書作家黛比・福特（Debbie Ford）是我的心靈導師，她生前致力於幫助大家達成自我轉變，我從她身上學到最強大的概念是：每個人都有「潛在的承諾」（有時稱為「潛意識的承諾」或「不為人知的承諾」）。據黛比說，人腦中所想、嘴裡所說的承諾（即想投注心力完成的事），往往和潛意識中更深刻的承諾相扞格，所以我們相信自己想要某樣事物，但滿腔心思悄悄放在完全相反的事物上。

潛在的承諾源自我們年幼時對自己做出的承諾，通常是限制性信念的產物。例如，若你和我一樣，以為自己必須完美才能夠安全生活，你可能會出於下意識或受到底層渴望的驅使，竭力做到事事完美。成年以後，你發現自己很難與違背你完美定義的其他人劃下界線。這類承諾導致「我們所說的想做的事」和「實際做的事」出現不一致。

我還有一項潛在的承諾：一定要讓自己有價值，以「換取」別人的愛。這是基於一種信念：若我沒有顧及其他人的需求，就不配得到愛。所以即使我說過，我想跟有能力、有穩定收入、能自給自足的男人交往，最終卻與向我伸手要錢的男人結婚。一部分的我相信，透過在經濟上資助他，我獲得了身為人的價值。這個潛在的承諾變成我留在丈夫身邊的藉口，儘管我必須再三踩踏自身界線，才有辦法維持這段婚姻。

蒂娜決定是時候跟丈夫分開了。因為兩人還住在同一間房子，她和他劃下界線，不得有身體上的接觸。「許多個月過去，我自己越過界線，出於對性和肢體接觸的需求，跟他上了床。」她說。「我清楚知道，這是因為我心底對自己的承諾是『手邊有什麼就拿什麼』。這樣我就不必尋找新男友，畢竟我害怕遭拒，而這一點又繞回原本的信念：我不配讓自身需求以健康的方式獲得滿足。所以我沿用熟悉安全的做法，雖然感覺不太滿足。」

安娜從小就相信除非自己安靜、乖順，否則不會得到愛。她不知道的是，她在心底立下承諾別多說話，這樣才能融入群體。她說：「諷刺的是，因為我無法表達意見，一直都沒有融入的感覺。」當然，保持安靜和順從，表示從來不設立界線。

我們這些努力設立界線的人，還有一項普遍的潛在承諾：「我不會說讓人生氣的話，或做出招惹麻煩的事。」這可能源自於小時候家中有過令人恐懼的衝突，或者曾因為發脾氣遭受嚴厲懲罰。

再舉一個例子：假設你討厭自己的工作，想跟上司設立界線，不再無酬超時工作，但你很難開口提出請求。你明知自己渴望得到合理的報償，潛意識中避免風險的承諾卻壓下了這股欲望。

也許你相信有人對你發火，你就會不安全。因此，在心底對自己承諾絕對不要讓別人生氣。為了遵守這項承諾，你總是努力贊同旁人的意見，默默滿足對方的心願，絕口不提自己想要什麼。

就這樣，你我為了滿足每個人的需求，早就習慣「承受損失」，卻不明白在這個過程中，我們有多對不起自己。許多人甚至對自身承受損失的能力感到光榮。（說的就是你，共依存症的偉大烈士！）

若你想設立界線卻延宕多時，可能是某個潛在的承諾試圖阻擋你。我們那時是小孩，這些承諾猶如最佳防衛，使我們不會受傷。但我們現在是成年人，這些承諾最終傷害了我們。

不幸的是，潛在的承諾有時不容易弄清楚。有時候，你認為自己投注心力想做的事，與潛在承諾並無直接相關。以下舉三個例子：

「我認為我致力於賺到更多錢，花更少時間工作。」

潛在的承諾：「事實上，我竭力避免改變現狀，所以儘管我很不快樂，仍然繼續做這份工作。」（請注意這個潛在的承諾與賺錢無關。）

「我認為我致力於為自己發聲，說出我想要什麼。」

潛在的承諾：「事實上，我竭力想讓每一個人快樂。」（請注意這個潛在的承諾與坦率說出想法無關。）

「我認為我致力於照顧好自己。」

潛在的承諾：「事實上，我竭力融入這個大膽、不顧世俗的團體，所以跟這群朋友一起做危險的事。」

有時候，我們潛在的承諾根本不合理，讓人不敢置信。我的客戶諾麗醒悟到她有個潛在的承諾：痛苦地活下去。怎麼會有人一心只想做這種事？儘管諾麗不太確定原因，我們不妨推測她小時候身邊都是不快樂的大人。我們從眼見的事物中學習，所以現在藉由感到不快樂，融入原生家庭。或許她感到快樂時，家人表現得難以接受。無論出於何種原因，事實是諾麗直到前一陣子仍和其他家人一樣，竭力讓自己活得痛苦。扮演不快樂受害者的角色是有好處的，這樣我們就不必為自身遭遇負責，總是可以把「自己沒設立界線」的過錯推到別人頭上。（而且還可以在晚宴上，以受害者身分訴說令人動容的故事。）

有些潛在的承諾可以很快脫離，有些則需要多花些時間對付。若能跟諮商心理師或嫻熟這項概念的教練進行療程，先釐清心底的承諾有哪些，再加以克服，可能會有幫助。但別把自己逼得太緊！探索潛意識是終生的功課，卻引人入勝，讓人興奮期待；你每一次的新發現，都會一點一滴地改善生活品質。

練習

挖掘你的限制性信念和潛在的承諾

這項練習會幫助你著手挖掘潛在的承諾。找出自己有哪些承諾可能得花些時間，所以要有耐心。在日誌或電子裝置上把答案寫下來，有些答案搞不好會讓你嚇一跳。

第一部分：可能存在的潛在承諾

1. 檢視你的「界線金字塔」，選定一個有迫切性但很難設立的界線，接著寫下你認為此一界線尚未設立的理由，再思考可能有哪些限制性信念及潛在的承諾妨礙你設界線，請一一寫出來。

・**範例1**

我想設立的界線：告訴哥哥，我拒絕聽他指示我該怎麼過生活。

為何我尚未設立這道界線／使我卻步的理由：我覺得設立這道界線以後，哥哥會和我斷絕來往。

可能存在的潛在承諾：我一心一意想讓自己不遭到遺棄，變得孤單。我竭力避免衝突，不計任何代價。

・**範例2**

我想設立的界線：好友把所有問題丟給我，我拒絕負這種責任。

為何我尚未設立這道界線／使我卻步的理由：我覺得拒絕朋友的請託顯得無情；如果我無情，就是壞人。

可能存在的潛在承諾：我一心一意想成為符合自身定義的「好人」，因為若不這麼做，就覺得自己沒價值。

2. 重讀一遍答案。你覺得自己寫下的潛在承諾是事實嗎？如果你寫了不只一個，哪一個聽起來最真實？通常正確的答案會讓我們覺得激動或猛然大悟。不過，若你沒有這類感受，先從感覺最正確的那個答案開始就好。你認為自己很久以前為何會做出這項承諾？是什麼樣的情況或環境讓你對自己許下這項承諾？閉上雙眼，看看腦海中是否浮現某段和這項承諾有關的童年回憶。你可能還不到十歲。如果沒有這類回憶，也不用擔心。有可能是你非常小的時候就做出承諾，所以沒有記憶。想到什麼都寫下來。

• **範例：**如果我致力於維持表面和平，有可能是什麼情況？若我設法顛覆現狀，我害怕發生什麼事？當父母吵架，辦理離婚，表示我無法經常見到父親，因而非常痛苦，我絕不想再經歷這樣的痛苦。

第二部分：新的承諾與信念

1. 寫下一項充分表達你真心想望的新信念和新的潛在承諾：

• **範例：**

限制性信念：我覺得拒絕朋友的請託相當無情；如果我無情，就是壞人。

新信念：我得先顧及自身的需求，所以拒絕別人是有益健康的做法。而且就算我說不，仍然可能是好人。

潛在的承諾：我一心一意想成為符合自己定義的「好人」，因為若不這麼做，就覺得自己沒價值。

新承諾：我現在一心一意為「做個好人」賦予新定義，而且知道我不必透過行為來贏得自身價值。

2. 問自己，必須放棄什麼才可以做出新承諾。

• **範例**：為了對朋友說不，設下界線，我必須放棄「拒絕別人表示我是壞人」的信念。我必須冒著激怒朋友的風險，可能會失去這份友情。

3. 問自己，當你做出這項新承諾會得到什麼。

• **範例**：若我對朋友說不，設下界線，我會對自己有更多敬意，用我值得擁有的方式照顧好自己。我不再因為做違反意願的事而心生憎恨。若朋友因為被拒絕就和我絕交，那麼她是不講道理的朋友。

第三部分：你的內在小孩

花些時間打開心扉，給你的內在小孩一些同情，她（他）為了保全自己，創造出這些限制性信念和潛在承諾。尊重這個孩子的恐懼，坦然接受這些舊承諾。讓你的內在小孩知道，你不再需要以往的信念與承諾，而且已經採用新的信念與承諾。你要確信立下新承諾以後，就能設下新界線，給內在小孩更妥適的照顧。

我建議定期重做這項練習，因為內在的功課不光是釐清潛在承諾、創造新承諾而已，還具備更大的力量。若你試圖釐清有哪些潛在承諾卻徒勞無功，找一位教練陪你練習或許有幫助。

拒絕承認的特質

除了限制性信念和潛在的承諾之外，人的心靈還有另外一項難纏的招數，讓我們看不到界線，也就無從設立界線。那就是找出幾項特質加以否認，自以為根本不具備這些特質。重申一次，這套模式是在我們很小的時候就安裝到內心，這類「拒絕承認的特質」（有時稱為「被否定的自我」或「影子自我」），遭身旁握有權力的大人認定是錯誤、有問題或令人反感的特質。我們必須壓抑這些特質，以確保自己得到接納和愛。把它們藏起來，讓它們消失在眼前，我們下意識地認定這樣就不會遭到遺棄。

詩人羅伯特．布萊（Robert Bly）將這些不被承認的特質描述成「我們拖在身後的大布袋」。我們認定某些特質不該讓世界知道，於是把它們統統裝進那個布袋。「我們活到二十歲，決定將哪些部分的自己裝進布袋，然後用剩下的人生試著再把它們拿出來。」他寫道。

我們為何想把這些理論上很糟的特質，從布袋裡拿出來呢？因為若不這麼做，它們會在不經意間顯現出來。是的，我又在講那種「不正面來」的事。我們並沒有把它們藏好，它們就是會探出頭來，趁我們不察時反咬別人一口！我們也更可能在周遭的人身上看到這些特質。當我們不能「承認」自己有這些特質，就特別容易察覺有些人坦率且不知羞恥地顯露這些特質。

針對設立界線展開對話時，一定要討論不被承認的特質，因為我們害怕這些特質，才會落入討好他人、過度付出的模式。而我們沒能設立對自身有益的界線，是因為這麼做會讓我們變成自己不想成為的那種人。只要你發現自己對於做那種人有強烈的反彈，就知道一定有某項相似而不被承認的特質在作祟。

真相是：每個人的內在都具備人性和各種特徵，只是程度不同而已；我們都是既仁慈又殘酷，既聰明又愚笨，既神聖又邪惡，而每一種特質都有其恩賜。

襁褓時期的我們充分展現人性。上一分鐘還在哭，下一分鐘便破涕為笑。我們將全方位的人格表露無遺。但某一天，我們注意到父母不喜歡我們做某些事，像是「你不能安靜一會兒嗎？」、「別這麼大聲」或「貪心不好喔」。為了贏取雙親的愛，我們開始抗拒某部分的自己：有活力的自我、說話響亮的自我或想要更多的自我。

上學以後，對我們指點批評的人變多了，猶如一支合唱團：照護員、老師、朋友和社會上的人。為了理解這個世界，我們繼續削減自身，抗拒和壓抑某些不見容於社會的特質。因此，這些特質一直藏在我們潛意識的陰影當中。

好消息是：當你重新踏入完整的自我時，就擺脫了「別做那種人」的驅力。若你想設立某項界線，卻覺得有點自私，你有兩次機會。首先，你可以粉碎設立界線真的很自私這個迷思。其次，你長期抗拒的自私也有正向的一面，你可以擁抱它。

記得我曾說過，我們一直被灌輸自私就是壞事，但事實未必如此嗎？若你已經認定照顧自己算是「自私」，那麼或許需要擁抱你認定的一點點自私，以達成健康的平衡。這並不表示你會變得極端自私。

另外一個例子是：懶惰是我不敢承認的重要特質之一。我從小到大相信自己必須非常有效率，才可以安全過關，因此我竭力避免變成懶人，矯枉過正的結果是：我獲得了更大的成就，但前夫和前任伴侶亞倫的某些行為在我看來就是懶惰，使我深感挫折。

當我們否認一部分的自我，這種情況會發生：我們將那項特質往外投射，而它在別人身上顯現，反映到我們眼前，猶如一面鏡子。這是心靈（psyche，譯注：指人類心智的整體，包括意識和潛意識）發送的警訊，耀眼的霓虹燈在說：「看過來！你不肯承認的特質在這裡！」在別人身上看到這些特質，心生鄙視，我們因此意識到亟需整合的部分是什麼，讓自身獲得痊癒。

幸運的是，我跟亞倫在一起時，已經意識到他看來懶散的行為，歸根究柢是因為他懂得放鬆，讓自己開心。我們相遇那陣子，我亟需放鬆，卻真心相信樂趣是屬於別人的。我那時完全不知道該如何拋開拘謹，盡情享受人生。最近這幾年，我在耳濡目染之下逐漸學會放鬆。我找到了自身內心的「懶散」。在這個過程中，我不僅學會接納亞倫悠閒散漫的天性，還發現了另一個版本的南希，她超愛懶洋洋的午後時光！

如果你現在感到驚恐，不用怕。找出「被否定的自我」並不像一般人擔心的那樣，意謂著我們會因為那項特質，變成最糟糕的自己。正是這種非黑即白的思維，促使我們一味批判他人。我更懂得找樂趣，並不代表只會躺在沙發上無所事事，而是表示我不再因為害怕自己變成懶人，日以繼夜地工作。當我將內在的懶散加以整合，融匯成自我，逐漸培養慢下來的能力，不再矯枉過正，可以放鬆地生活。懶散在此起了正向的作用。

若某人身上有某種我們拒絕承認的特質，她或他做出這種特定行為時，通常會刺激我們的情緒。若我們會受刺激，就表示有必要深入挖掘內心，以釐清我們是否拒絕承認自己也有這項特質。

不過我要先說清楚，將你原先否認的特質加以整合，融匯成自我，並不表示其他人展現的每一種行為，你都得喜歡或加以接納。每一種特質可能顯露在不同程度的行為上。我從未想要變得過度懶散或自私，若另一半過度懶散或自私，我也不會接受。我們想達成的轉變是：停止往另一個極端發展，全然避免那項不肯承認的特質，尤其是我們往往因為害怕變成那樣，踰越了自身的界線。

若你覺得很難設立健康的界線，很可能是因為你不願承認下列幾項特質：

- 對自己感興趣或自私
- 氣憤、憤怒
- 不和善、殘酷
- 不負責任
- 小氣、不夠慷慨
- 做伸手牌而非給予者

請記住，某些被我們否認的特質，在別人眼中可能是正面特質。我們可能不願承認自己充滿自信，判定這種特質是缺乏謙卑。我們可能不願承認自己具備才智，覺得是菁英階級的產物。或許我們隱藏性感的一面，唯恐被看成「那種女人」，有些人不願展現才華，深怕別人說自己在「炫耀」。

若想釐清自己對哪些正面特質加以否認，想想你最敬仰哪些人，答案便呼之欲出。若你欽佩勇敢的人，那是因為你也很勇敢，只是隱藏起來而已。你沒表現出來，是因為在過去某個時期，展現勇敢是不安全的做法。

以黛比·福特的話來說，整合這些正面特質是「恢復你的光芒」。她說：「為了擁抱我們的光芒，我們理解到自己具備全部的特質，自己就是一切。我們本性具足，什麼也不缺，能夠滿足自身最深層的欲望。」當我們將更多的正面特質整合起來，接納自身的偉大，就更有能力愛自己，要設立我們所需的界線便容易得多。

不論你目前否認的正面或負面特質是什麼，它們皆已存在於你的內心。是否要培養自覺，學會珍視這些特質，將它們視為自我的一部分，並予以接納，決定權在你。你需要做的事是：自覺自發地整合這些特質，融匯成你的人格，你總算能設立這些無比重要的界線了。

練習

找出你拒絕承認的特質

在這項練習中，你設法找出是哪些不予承認的特質妨礙你設立界線。第一部分，你會檢視負面的特質。第二部分，先進行冥想，有助於探掘出你不肯承認的正面特質。至於本練習的書面部分，請在日誌或電子裝置上寫下答案。

第一部分：拒絕承認的負面特質

1. 想想你不喜歡或者覺得會刺激你的情緒的三個人。你不喜歡他們的哪一方面？他們為何令你心煩？逐一列出每個人的特質，想到什麼，統統寫下來。
2. 你是否能夠回想自己有幾回也展現了相同的特質？或許你表現的方式不太一

樣，情況也比較輕微，但有可能你在某個時間點，以某種方式展現這些特質。

3. 問自己採取了哪種矯枉過正的方式，這樣就沒有人會將你視為那樣的人。你用何種方式控制住這些特質，不讓它們冒出頭來？比如，你不肯承認自私這項特質，於是竭力對別人付出。

4. 檢視你的「界線金字塔」，選出你最想設立的界線，或許正是你最害怕設下的那道界線。你是否曾因為想設下界線而批評自己？若你真的設了這道界線，你覺得別人會怎麼說你？他們會說你刻薄或不負責任嗎？會說你自私或愛占便宜？你在這項練習中提出的答案便是線索，根據這些線索，寫下你害怕承認自己有哪些特質（證明你是什麼樣的人），因此害怕設立這道界線。

5. 現在，寫下每一項特質的積極面。若這項特質是自私，好的一面可能是捍衛自身權益，拿到屬於你的份額，或者樂於照顧自己。若這項特質是不負責任，好的一面可能是具有自發性或有趣。若這項特質是懶惰，好的一面可能是能夠放鬆。

6. 最後，想好本週可以採取哪種行動，將其中一項積極面整合到生活裡。舉例來說，若你拒絕承認自私這項特質，本週採取一項你認為是自私的行動。就算抽出一小時，不受打擾地做自己想做的事，這麼簡單的事也可以。

第二部分：拒絕承認的正面特質

現在來看看你所否認的正面特質。這部分的練習是請你花一點時間冥想，電話或手機全部關掉，才能全副身心進入這個過程。穿上寬鬆的衣物，坐在舒適的椅子或沙發上。若你想播放輕音樂或點蠟燭也可以。你可以將以下步驟讀出來，錄成音檔，這樣就不必張開眼睛，對冥想狀態造成干擾。錄製時，可以選擇跳過本段落。

1. 閉上雙眼，做幾次深呼吸。全身各部位都要放鬆，先從雙腳開始。接著緩緩上移到雙腿、臀部、肚腹、胸、背、雙臂、脖頸、頭部，直至完全放鬆為止。放鬆時別太用力，只要告訴你的身體放鬆就好。繼續往下做，身體會逐漸放鬆。

2. 想像某人（認識或假想的人都可以）正設下你最想設立的界線，這個人覺得設界線很容易。你從旁觀察他們設立界線，問自己：對方身上有什麼特質，使他得以輕鬆設立界線。對方具備勇氣嗎？或者具有高度的自尊？對方有堅定意志而且強大嗎？

3. 你是否想起自己曾經展現這項正面特質呢？若是如此，在腦海中想像那時候的自己。你當時在做什麼？有何感受？

4. 問自己，從什麼時候開始，你覺得顯露這項特質可能招致危險。什麼事促使你斷然否認這項特質？

5. 現今你身邊有誰坦然展現這項特質，不以為恥？你將這項特質投射到這些人身上。你為此欽佩這些人嗎？

6. 對自己肯定地說，你即將恢復這項特質，讓它幫助你設立界線。

7. 你必須放棄什麼信念，才能夠將這項特質融匯成你的人格，在生活中展現？

8. 想像你拋開這項信念，將這項正面特質完全融匯成你的人格。接著想像你跟腦海中浮現的那個人一樣，毫不費力就設好了界線。能夠運用自身擁有的特質，設下你最想設立的界線，感覺如何？

9. 想出一個你本週可以採取的行動，開始將這項特質納入生活中。若這項特質是勇氣，你本週可以做一件有勇氣的小事，那是什麼？每週都選擇一項更有勇氣的行動，逐步培養將該特質融入生活的能力。

找藉口的習性

除了潛在的承諾和拒絕承認的特質，設法找出我們慣用的藉口，加以命名，也有助於設立我們最為需要的界線。事實上，這類藉口多半指向我們潛在的承諾和拒絕承認的特質。藉口很狡猾，聽起來是那麼合理、不容商榷，所以我們會說服自己這些藉口是確鑿的事實，我們根本不可能設下亟需設立的界線。但是，藉口與限制性信念很像，多半不是事實，而是在恐懼中滋生。人對世界有扭曲的看法，便會產生藉口。因此，藉口背後的邏輯並不可靠，唯一的目的是防止我們去做某件我們認定會造成危險的事；對我們來說，那件事的目的是設立界線。

我們會找各種藉口，藉此保持抵抗。黛比．福特將抵抗定義為：「潛意識的保護防禦機制，是先天設定好的反應，而非有意識的抉擇。」出於恐懼，我們抗拒有益的事，例如為了身心健康，劃下必要的界線。

找藉口時，措辭可能像是「我永遠沒辦法做到」或「我不知道該怎麼做」。「我永遠沒辦法做到」這句話讓我們得以假裝對某事無能為力，而這句話真正的意思是「我永遠不打算這麼做」。當我們說「我不知道該怎麼做」，這句話真正的意思是「我還不知道該怎麼做」。我們隨時可以學習。

重點是大部分時候，我們能夠設下最可怕的界線，只要願意跨出去，不再抵抗。向藉口讓步也是我們的抉擇。

試著將「我無法設下○○的界線」改成「我在抗拒設下○○的界線」。例如，不要再說「我丈夫喝太多酒時，我無法劃清界線、一走了之」，而是「我丈夫喝太多酒時，我應該劃清界線、一走了之，但我還在抗拒」。你看出來第二句話給人不同的感受嗎？讓可能性的大門敞開了。

以娜塔莉為例，她以為一定要讓其他人接納自己，才有安全的生活，因此主動讓界線失守，務必讓大家都喜歡她，也就衍生出下列藉口「我不想跟好友一起旅行，卻無法說出口，怕她感到受傷」，以及「我不知道該如何調高費率，同時留住客戶」。

避免設界線的常見藉口還包括「等我明天比較不累，再來做這件事」、「她現在壓力超大，過幾天再找她談」、「下次她要是踩過界，我會設界線」。

我們找藉口不去設重要的界線，此舉形同自我破壞。我們為這種選擇披上合理的外衣，便可留在舒適圈。這麼做，對自己的內在小孩有個交代，卻讓身為成年人的我們陷入自我毀滅的模式。

舉例來說，「我沒辦法找另一份工作，因為到了這個年紀，沒人會雇用我。」這句話並非陳述事實，只是找藉口。這是基於對年齡的錯誤信念，對未來做出推測。儘管你的年紀可能讓找工作一事變得複雜，卻不表示你無法找到工作。再說一次，這類藉口給人錯誤的限制，是要讓人留在熟悉的領域，放棄探索眼前的各種可能。

黛比．福特建議我們在「無藉口地區」過生活。如果我們想要或需要某件事物，要不就為沒有這樣東西負起責任（找新工作似乎很費力，所以我要留在原來職位），要不就採取行動，一步步得到想要的事物（我擔心沒人要雇用我這個年紀的人，但無論如何我要寄出履歷）。下回當你發現自己又在找藉口，避免設界線，別再這麼做。重讀本章（步驟四），著手設立有必要的界線，讓自己活得快樂健康。

「若是……，該怎麼辦？」症候群

既然人的限制性信念、潛在的承諾與藉口往往是基於恐懼，它們並不比我們小時候以為藏在衣櫃裡的怪獸更真實。這類恐懼進一步衍生出「若是……，該怎麼辦？」症候群，使我們設想最壞的可能，妨礙我們設立有益的界線。

試舉幾個常見的藉口：

- 我若對丈夫說出感受，導致他離開我，該怎麼辦？
- 我若向主管要求休假，導致她解雇我，該怎麼辦？
- 我要是不給兒子錢，導致他生我的氣，該怎麼辦？

「若是……，該怎麼辦？」可套用在數不清的可能狀況，各種不幸黑暗的故事快把人逼瘋。大部分情況都不會發生，但許多人仍用這種設想助長藉口，這樣就無須設立自己害怕的界線。

練習

盤點你的藉口

在這項練習中，寫下幾個你常用的藉口，評估它們有幾分真實性。

1. 請從「界線金字塔」中選出三項重要的界線，寫下你為每一項界線找的藉口。

   例如：

   • 藉口：「我不能告訴女兒，她必須搬離家裡，否則她會流落街頭。」

2. 這個藉口真確無誤嗎？你確定嗎？在這個例子中，這並不是唯一可能的結果，只是你想像得到最壞的後果。女兒最終流落街頭是你自以為的想法，並非事實。還有其他選項，不是嗎？她或許可以和她父親住，或者跟朋友住，甚或找一份工作，就有能力繳房租。針對你打算設立的界線，寫出至少三種可能的結果，就算覺得可能性微乎其微。

3. 現在重新陳述每個藉口，將它視為抗拒（不願意）或自以為的想法，並寫下新的措辭。

• 重新陳述藉口的範例：「我不願意告訴女兒，她必須搬出去，因為我以為她會流落街頭。」

你現在還不需要設立界線，只要知道自己在找藉口，就是往前一大步。當你繼續往下讀本書各章的步驟時，會釋放出更多抗拒的力量，同時學會新策略，開始設立界線。

有這麼多潛意識之類的東西擋在路中間，難怪我們一想到要設界線就渾身不自在。所以要成為設立界線的狠角色，其中一項重要步驟是學著接受不舒服的情況，恰好是這趟旅程的下一站。

請記住：一旦你深入挖掘潛在的承諾、拒絕承認的特質及藉口，便可能設立有益的界線。

步驟 5

試著接受短期的不適

潔西卡和妹妹凱特已經花了一年時間處置母親的遺產，包括要管理母親擁有的汽車旅館。「我一直都按凱特的意願去做，」潔西卡說，「我想維持關係總比吵架好。」凱特清楚表明想繼續經營這家旅館，但潔西卡知道妹妹沒錢買下她持有的份額。「我一直努力當個配合的姊姊，」潔西卡說，「沒跟凱特說我想賣掉旅館，一了百了。基本上我是在說謊，用虛假的形象面對她，同時希望說服自己不要生氣，放棄最佳利益，繼續犧牲下去。」前陣子，有個一向交好的親戚和我通電話，堅持要我立刻寫電子郵件給凱特（我一年前就想寫了），告訴她只有兩條路可走：其一是賣掉汽車旅館，不然就是一起想辦法，由她付錢買下我的份額。我為改變心意而道歉，這麼做是不太好，但繼續為了妹妹而抹煞自身需求，也不太好。」

潔西卡為此憂心忡忡，但她妹妹聽完的反應是：「可以啊。」

我們之所以避免設界線，泰半是因為預想最壞的情況可能會發生，覺得自己是在跟其他人宣戰，可能會搞壞關係，到頭來覺得自己是個糟糕或自私（喔，千萬不要）的傢伙。我們害怕出現最壞的情況，而且用非黑即白、趨向極端的方式來思考，認定眼前只有兩種選擇：要不就完全抹煞自己，要不就面對和別人撕破臉的可怕後果。

儘管設立界線的確可能產生後果，但我有許多客戶（包括潔西卡），都發現結果並沒有原先想的那麼嚴重。正如潔西卡所說：「我現在知道，用理性的方式清楚說出來，有時的確管用，而且假定最壞的情況既耗費精力，又浪費時間。我以前用那種方法，導致別人覺得我會讓步。但在我決定自己有資格得到公平對待以後，就能夠捍衛自身界線了。」

蒂娜設下界線：丈夫在家時，她不再做「媽媽該做的事」。前幾天，有個學校的朋友依約來家裡找女兒玩，她還是出門了，讓丈夫負責應付這個情況。

「以前的我會說：『我不能在孩子們遊戲約會時出門，尤其這位朋友是第一次來我們家。這麼做很失禮、自私，以及無法聯繫感情。』但事實是我已經**和自己失去了聯繫**。所以我出門了。感覺上這只是開端，日後會有更大的界線，而且我知道自己找到管用的辦法，因為我寫下這段話時熱淚盈眶。我知道與小孩的遊戲約會無關，而是更大的事。」她說。

蒂娜覺得開口請丈夫分擔照顧女兒的責任，會導致暫時的不快，因此長期忍受和自己失去聯繫的痛苦。潔西卡必須協助管理汽車旅館，但她分身乏術，長期以來十分痛苦；更何況她賣掉自己那一份，還有一筆錢可以用。她做那麼多事，只因為擔心可能和妹妹起衝突，會造成暫時的不快。

無論我們做哪一種抉擇，總會有某種不舒服。但若你選擇不去設立必要的界線，這份不快會無限期延長。設立界線是「終止不舒服的不舒服」，還加上一份紅利：在過程中增長我們愛自己、尊重自己的力量。

因此，步驟五是試著接受短期的不適。

不舒服的力量

假如我們沒有一直逃避不舒服，人生會是什麼樣子？我們會習慣暫時的不自在，因為當它出現時，我們會學著應對，很快解決任何問題。我們不再因為逃避自身與他人的感受，或者害怕提出不同的意見會惹人不快，老是覺得心力交瘁。

我們為何竭力避免短暫的不舒服？應該是和人性想遠離不確定有關。**若是發生最糟的情況，該怎麼辦？**（又是這個「若是……，該怎麼辦？」症候群。）所以我們寧願選擇熟悉的不舒服，而非不熟悉的不舒服。我們知道自己撐得過去，反正已經忍受這麼久了，但不知道自己是否承受得了別人的反應。我們為了一份確定感，付出沉重的代價，繼續痛苦下去，至少我們認為自己知道會有怎樣的結果。

我的客戶茱蒂說，她不想面對分手後搬出去住的不舒服狀況，勉強忍受了六年多糟糕的關係，因為她擔心他覺得受傷，而她將為此內疚不已。她也擔心自己覺得孤單，很難展開新關係。不過她最終仍提出分手，而且奇怪自己為什麼拖這麼久。她的男友覺得受傷，但心情平復後繼續過生活。她有一陣子覺得寂寞，很快就發現離開不健康的關係確實快樂許多。若她體察到需求時，便允許自己離開，她早在六年前就能感受到這股快樂。

另一位客戶寶拉發現，沒設界線不僅可能替自己造成問題，也會增加別人的負擔。「我之前遇到一個狀況：我們心靈冥想小組的一位小組長，讓某個不符資格的人成為組員。他也承認讓那個人進來是為了避免掀起波瀾。然後他表示會告訴那位新成員，他們都必須離開，但他沒這麼做，又把這件事推到我身上。我也不好惹，叫他自己處理這件事。」有趣的是，寶拉看出對方不願忍受衝突帶來的短暫痛苦，寧可長期忍受不快，她以前也會這麼做。讓那名成員加入掀起更多「波瀾」，還不如一開始就拒絕。「這件事讓我看到若未設好自身的界線，會對別人造成影響。關於這一點，我滿同情他的，但我也不打算插手替他解決問題。」她說。

舉一個假設性的例子：如果你太太經常說你胖，你雖然心裡受傷，可是什麼也沒說。畢竟你長期忍耐她言語上的霸凌，知道該怎麼做。這是相當熟悉的苦痛，你逐漸學會讓感受麻木，對這份痛苦的耐受力增加了。

你其實不知道如果叫她停止批評你的腰圍，會發生什麼事；你從未試過。但你一下子陷入最嚴重的恐懼，覺得要是對她提起這件事，可能會引發爭吵，甚至導致關係破裂。即使經常性的言語霸凌很可怕，往往對你造成重大痛苦，但你吞聲隱忍，就不必面對她不知作何反應的後果。隨著時間過去，你剝奪了自身應得的待遇：獲得伴侶的尊重與和善的對待。

在這場雙人舞蹈中，我們不僅將長期的不舒服和暫時的不舒服一起較量，也讓內心的不舒服和外在的不舒服相互較量。我們選擇內心的不舒服，獨自面對痛苦，而非冒著外在不舒服的風險，面對可能的衝突。誠然兩者都讓人不舒服，但這份菜單上，只有一種選項有可能幫助我們終結不舒服的情況，一勞永逸。

我們年幼時缺乏能力應付和家人之間的衝突，這在情理之中。我們小小的神經系統無法容忍自己可能被遺棄或放逐，因為孩子非常依賴有權威的大人的照顧。但我們現在是成人，能夠獨力求生。衝突或許不舒服，卻可以安然度過。況且我們挺過（通常是暫時的）衝突後，獲得的獎賞是一生的自由，你有機會按一己規畫過生活。

我們很快就要陪你探索自由的生活是什麼樣子。我是過來人，幾十年來寧可傷害自己也要避免衝突，但我向你保證，按自己的規則過生活非常美好，過程中種種不適都值得忍受。

願意感受設立界線帶來的短期不適，
代表你正站在入口，即將邁向你所嚮往的一切事物。

人們若不設立界線，就沒辦法創造一心嚮往的人生。絕無可能。的確，要冒點風險，究其原因，你會發現自己只是害怕感受到不想感受的情緒。我們讓自己陷在相當不利的模式裡，因為害怕一旦離開這個模式，必須面對內心的感受。換句話說，我們被自己的情緒挾持了。（沒錯，是自身的情緒，不是別人的情緒。我們之所以害怕別人的感受，純粹是以為自己承受不住他人的感受和自身的情緒。歸根結柢是我們自己，不是別人。）

解方是什麼呢？試著習慣不舒服（說到底是負面情緒），我們也開始明白它奈何不了我們。當你不再迴避罪惡感、羞恥和悲傷，而是積極去感受，這些情緒就無法像過去那樣主宰你。我們一再迴避、拖延，才給了這些情緒如此強大的力量。情緒和天氣一樣，來得快去得快，不會永遠存在。但不知為何，許多人相信情緒非常危險，必須竭力避免。

這麼說好了，有個朋友說你應該跟她一起去住昂貴的度假屋，但你不想去。換作以前，你會同意參加，以免傷她的感情（內心短暫的舒服），也省去爭執（外在的不舒服）。你去了自己負擔不起的度假屋，為此憎恨朋友。

但在你學會設立界線的強大功夫後，你適時阻止自己貿然答應，改口說：「聽起來是滿適合你去的度假屋，但我對這個不感興趣。」就算朋友繼續鼓吹，你仍不為所動，你會告訴她：「我對度假屋不感興趣，而且不想再談這件事了。不如討論我們倆都喜歡的活動，來計畫一下吧。」

的確，朋友如此希望你去度假屋，你很難開口拒絕這項提議，對於取悅型的人來說尤其如此。但只要你清楚表示自身的感受，事情可能就結束了，不致破壞關係；證明你的恐懼毫無根據，而且即使有一絲愧疚或羞愧很快也會消失。但憎恨就很難消失，可以暫時藏起來，但當你大膽偷覷一眼，別懷疑，它還在那裡。我發現對許多客戶而言，破壞親密關係的頭號殺手是沒說出口的憎恨，若是不加處理，只會越發強烈。伴侶仳離、友誼破裂多半源於憎恨。

儘管朋友也可能因為你不想去度假屋而生氣，但若你自己踰越界線，心生怨恨，長遠來看，更可能損害彼此的友情。而且面對事實吧：若你的朋友不肯尊重你不去度假屋的決定，你或許該思考是否要延續這段友誼。

為了屠戮短期不適這條巨龍，我們要先願意感受自身的情緒，別再逃避感受，試圖加以忽略。體察當下的感受是通往自由的關鍵，前提是我們不能再對真實的自我、心中的感受、渴望和需求置之不理。

和衝突當好朋友

我們想獲得這份自由還需要一項技巧，我稱之為「和衝突當好朋友」。我在《你可以把自己放在第一位》中充分探討了這個概念。先前提過，比起短暫的不舒服，長期憎恨對人際關係的殺傷力更大。我們從小聽長輩說，必須不惜代價保持和諧的關係，所以即使只是極小的問題也不敢面對。事實上，當一段關係偶有不順，我們就覺得一定是哪裡出了問題。

但你很難期待任何關係始終保持和諧，就算我們極力避免，人與人之間難免出現衝突。而且若長期避免衝突，只會加深憎恨。我的客戶瑪格麗特一直以來避免與丈夫談論她想要肉體親密的慾望，覺得會引起（一時的）不快。她怕丈夫不能了解她的感受，而且會生氣，因此一再拖延。結果是：她覺得和丈夫日益疏遠，讓這段關係陷入真正的危機。

我們必須將衝突視為有助於成長的機會，而非一種危險。**差異不見得是問題，或許有其功能**。差異有可能促進關係演變，變得更美好、更健全。衝突未必表示某一方「贏」或者是「對的」，而另一方「輸」或者是「錯的」。我們無須對任何事都看法一致，也可以住在一起。請記住，培養情誼比達成共識重要。

雖然並不是每個人都用正面的眼光看待衝突，我們也不能為了安撫別人的恐懼，長期忍受不舒服，這代價太大了。我們越是能夠承受衝突，將其視為健康關係的一環，而非某種缺失，就越能夠設立有助於維繫健全關係的界線。

不計代價維持表面和諧的關係，會導致我們內心起波瀾。要達成內心的和諧，我們必須設立界線。若沒有拿出全副精神面對外在衝突，就得長期應付內心的衝突。內心衝突和外在衝突一張一弛，猶如跳舞的舞步；內心的不舒服和外在的不舒服也是同樣的道理。

我的客戶伊蓮說：「每次要跟對方當面說清楚就感到惴惴不安，然後我會找個理由告訴自己，設界線的事再想一下好了。我稱之為對別人的同情和諒解，最終我卻忘了自己也值得被同情和諒解。」

基本上，拿出魄力設立界線，表示你不再為了逃避暫時的不舒服，接受長期的不舒服。一旦你注意到自身的需求或想望，就劃下那道界線。你預料會有暫時的不舒服，而且知道它奈何不了你，從此便不再選擇長期的不舒服。我透過本書的步驟（整個過程），以某種真實的方式支持你做到這件事：勇敢承受（可能的）衝突造成的不舒服，向自己證明它奈何不了你。

練習

你在哪些方面非常不想引起衝突？

在這項練習中，你要試著找出在哪幾段關係中，你一直設法避免衝突。在日誌或電子裝置中，寫下你的答案。

1. 寫下每一段你吃力地維持和平的關係。
2. 針對每一段關係，想想你必須忽略哪些界線才有辦法維持，把它們寫下來。
   - **範例：**我費力維持與我大伯的關係。每回他打電話來聊天，我都得聽他講他對別人毛手毛腳的低級內容，這觸犯到我的界線。
3. 你對於踰越界線有何感受？由於沒設界線，你長期忍受什麼樣的不舒服？
   - **範例：**我討厭跟大伯說話，他也不知道我的感受。對他隱瞞這種感受讓我很不舒服，聽他說那些事也讓我起雞皮疙瘩，十分難受。每次家庭聚會，我都要忍受這種難堪，而且沒對丈夫坦白說出這種感受，也讓我不安。

4. 若你進行練習之後，發現還需要設立其他界線，把它們放到你的「界線金字塔」中某個適合的位置。

你的舒適圈

每個人都會根據自身過去的經驗，在內心創造出特有的舒適圈。每當我們經歷創傷，就會在心裡提醒自己（多半是不自覺的）不要再經歷同樣的事。就這樣，我們築起屏障，創造自身的舒適圈，不敢再跨出屏障。我們只知道它會造成同樣的創傷。既然舒適圈是建立在過往經驗上，它與現狀無關。大多數人在童年時期創造出舒適圈，不再踏出圈外一步，卻沒想過我們已經成年，比以前堅強許多，能夠承受設立界線帶來的挑戰。

大多數人不曉得，實際上自己擁有那麼大的舒適圈。我們低估了自己忍受暫時不舒服的能力，尤其如果我們牢記，忍一時不快便可大幅減輕長期的痛苦。

有句話說：「舒適圈的盡頭是人生的開始。」下回若你害怕朝新方向邁步，尤其是擔心有人因此感到驚訝或不高興，記住這句話。待在舒適圈有它的好處，但你會失去生命的活力。若你從小就避免跟人起衝突，以此保護自己，現在用成人的身分，再試一次吧。舉例來說，若你覺得待在「給予」模式比開口求助容易，先試著向某個愛護、支持你的人開口提出一項小請求。像這樣微小的一步，會讓你體驗到目前舒適圈之外的生活，也很有可能拓展適應能力，讓你在許多情況下都感到如魚得水。

可怕的後果

我有許多客戶膽戰心驚地設下新界線後，發現原本預期的可怕後果統統沒出現，但也有例外。某些時候，設立界線一定會產生令人極為痛苦的後果。你可能發現自己必須割捨某些關係，或者跟生命中重要的人產生衝突。你設立界線的對象未必會支持、尊重、同意或認可你的界線。

但要記住，不設立界線也會產生真實的後果。不論是哪一種情況，只有你能夠決定哪一組後果更加重要。請記住，這是你的選擇，由你決定自身的優先順序。當你面對某種情況時，必須問自己：目前最重要的事是什麼，是否需要設下界線，以達成優先事項？（當然，若你仍覺得首要之務在於避免衝突，回頭重溫步驟一至步驟三。）

如果你認為設立界線會失去一段親近的關係，必須問自己：對你而言，什麼事最重要。你願意付出多少，或者隱忍到什麼地步才打算採取行動。為了留住這個人，你願意忍耐怎樣的事？最重要的是維繫這段關係，或者尊重自身的界線？答案只有你知道。

我的客戶柔伊及其家人，最終與她婆婆斷絕來往。「我們任由她說尖酸的話，肆意批評，心想她年紀比較大，但這種情況一再發生，我感到憎恨又生氣。最後，我們直截了當地告訴她，必須讓我們的女兒遠離那種行為。她說我們太溺愛女兒（雖然她只有三歲），然後立刻故態復萌，刻薄地說她覺得我們沒好好過自己的人生。我們已經和她斷絕來往，感覺卸下了千斤重擔。雖然我就像童書中的波麗安娜一樣過度樂觀，想要喜歡每一個人，也受人喜愛，這麼做會違背我的心意。但是，對我們一家人來說，這是非常健康的做法。」

我有個朋友卡拉多年來和她父親相處時總是小心翼翼，免得他大發雷霆。連續兩年的聖誕假期，她去父母家過節，父親整天都在發脾氣。以前，她覺得自己必須去看望雙親，因為一年當中也只看望他們幾回而已。但最後她受夠了，寫了一封信給父親，坦率說出自己的感受，並說明她那年不會去找他們過節。

不消說，這封信又讓卡拉的父親大為光火，而她母親親耳聽到丈夫發飆。她打電話給卡拉，哀求女兒道歉。卡拉說，「媽，我幾乎什麼事都願意為你做，但應該道歉的人是他。叫我向他道歉，就等於要我違背自己的心意，而這是少數幾件我不能為你做的事。我愛你，但我不用為了說出真相，讓自己健康愉快而道歉。」

對卡拉來說，劃下這道界線很痛苦。她不希望母親聽父親發洩怒氣，也很想和雙親一塊過節。但她最後決定不計後果，先照顧好自己，做有益身心健康的事，對父親說真話，使她感到充分自主與自信。相較於長期壓抑感受，依照父親不合理的要求去做，這份痛苦是短暫的。按另一名客戶鮑勃的話來說，「比起安撫愛生事的某人，忠於自我更加舒適愉快。」

蘿拉和阿姨、姨丈鬧得很僵，兩人在她家隔壁買了房子。儘管她要求過兩人不要買馬，他們還是買了，而且認定蘿拉一家人會幫忙照顧這群動物。她阿姨付錢請她們家照顧馬匹，但有很多她們家不想做的額外差事。接著，阿姨希望她們攬下更多工作。

「每次我答應她的請託，」蘿拉說，「就覺得胃糾成一團。我晚上睡不好，變得沮喪，因為覺得被困住，非常無力。我們甚至去看其他房子，考慮搬家，但又想繼續住在這裡。」

蘿拉對這種安排提出抗議時，她阿姨威脅要索取金錢賠償。「我花了四年時間，才跟阿姨設下一道固定的界線，」蘿拉說，「我甚至跟他們說，要提告就去告，我們會反告。他們沒這麼做。這是我生平做過最困難的事，也比任何事都更能夠增強我的自主感與自信心。儘管我們從此跟他們斷絕來往，但絕對有必要設下這道界線。」

有些情況是一設界線就撕破臉，不論你怎麼處理都一樣。但當你設下界線，也會訝異地發現這段關係產生了正向變化。一旦你誠實面對自己的感受，改變自己在某段關係中的態度，就表示其他人也可以這麼做。

甘蒂絲就是如此，她和妹妹設下界線後，察覺到某種後果。「我對她說，我不想把時間花在負面的溝通上，也別來跟我要錢。」甘蒂絲說，「我以前左邊肩膀有嚴重的神經抽痛，直到我設下這道界線，疼痛才減緩。我妹妹的反應是尊重我的界線，但在臉書上把我刪除好友。」她們有兩個月幾乎沒聯絡，後來她妹妹表達想和好的意願。甘蒂絲守住了跟妹妹之間的界線，兩人的關係變得和暢許多。

話雖如此，我們打算設界線時會由衷感到害怕，若要跟家人、好友設下重大界線時，更是如此。因此，我會在底下的練習中，邀請你設想你最怕發生的恐怖後果。若你設下某項重大界線，可能要付出哪種可怕、甚至驚天動地的代價？這項練習聽起來不怎麼有趣，但具體指出最糟糕的情況，就像照亮床底下那隻一直讓你害怕的怪獸。唯有當你直視牠，才能做出明智的決定。

我有不少客戶多半確信一旦採取行動，一定會發生悲慘的事。但當他們實際檢視自己究竟害怕什麼，只會發現「非常糟糕」的感受。如同我先前所說，這是因為人最深的恐懼，多半在學會用語言描述恐懼之前的童年時期便已形成。我稍早提過，這份恐懼其實只是害怕某種感受：非常糟糕的感受。但只要我們用成人的眼光審視這種感受，就會發現它是可以忍受的。何況，依我的經驗，最壞的情況其實極少發生。

我的客戶芮妮最怕在社群媒體上曝光或者被詆毀。「我無法跟前女友斷絕聯繫，我好像沒辦法劃下這道界線。我怕她在臉書上大肆汙衊我，破壞我的名聲。我怕她生氣，也怕失去她的友情，害怕被拒絕。我帶著狗和子女，以及我自己走進了她的人生，然後又全數拿走，我覺得自己像個壞人。」

我能夠體會芮妮此刻的感受。有很長一段時間，我極度害怕私事曝光。有次，我前夫讀了我的日記，威脅要把某幾頁寄給我最重視的幾個人，踩中了我的地雷。雖然他只是口頭威脅，但他的確在臉書上詆毀我。這種事當然談不上愉快，也不能把我怎麼樣，而且日子一久就過去了，沒有造成嚴重後果，因為我生命中真正重要的人了解我，不會相信他說的話。儘管遭人中傷，我現在是成功的人生教練和作家。我知道在某些情況下，私事曝光的後果可能很嚴重，所以我並非要刻意淡化它可能引起的影響。但當我們清楚知道自己害怕什麼樣的後果，便可站在更理性的立場看待恐懼，並且採取行動。這些事真的會發生嗎？

所以我們現在就先從你最害怕的一、兩道界線開始，模擬可能發生的災難，看看會得出什麼結果。

練習

擬出你「最害怕的後果清單」

回頭檢視你的界線金字塔，選出一、兩道你覺得絕對無法設立的界線。接著，按照此處列出的步驟，設定上述界線。在日誌或某個電子裝置寫下答案。

1. 寫下這道界線，把你絕對沒辦法設界線的理由在底下列出來。
2. 你確信設下界線後會產生糟糕的後果，把它們統統寫下來。最糟糕的「假想」情境是什麼？
3. 你身邊哪個人最難接受這道界線？
4. 若你設下這道界線，會變成哪種可怕的人，是殘酷、自私、無理或無情？把你害怕的特質統統寫下來。

5. 現在換個角度思考這件事。設立這道界線會帶來什麼好處？界線確立後，你的生活在哪些方面會出現好轉？

6. 若你劃下這道界線，有哪個全心愛護、支持你的人會聲援你？（如果想不出有哪個人會這麼做，想成是我吧！）想像這個人對你精神喊話，具體指出至少四項你值得設下界線的理由。類似的例子可能有：

- 經常照顧別人、有權利好好照顧自己的人，包括你在內！
- 你有資格過得舒適愜意，給自己愛與尊重！
- 你無須為了造福他人，抹煞自身的需求和欲望，你有資格過得更好！

別擔心，我並不打算要你現在就設下最困難的界線。但我想你已經準備好為了這個結果，著手做重要的功課：一旦成為設界線的狠腳色（你本來就是），生活會是什麼樣子？若沒有下決心做本書的界線練習，人生又會是什麼樣子（發抖）？這兩種情境以不同方式，幫助我們了解界線很重要。一起探索吧！

請記住：你得先願意感受界線帶來的短暫不適，才能過順心滿意的人生！

步驟6

勾勒有自主權的願景

「我丈夫有外遇。我們把事情攤開來討論，最後他說會為了兒子留在我身邊。」寶拉說。「我告訴他，我覺得不行。我希望留在我身邊的人，是因為他想跟我在一起。」寶拉很清楚，要是和不愛自己的人維持婚姻，未來會慘澹無望。於是她鼓起勇氣設下界線：她不會在這種情況下繼續生活。

一如預期，寶拉的選擇產生了後果。「我變成單親媽媽，不但收入減少，還得搬去比較省錢的地方住。」她回憶道。儘管如此，優點終究還是超過缺點。「我擺脫債務，而且開始找回在婚姻中失去的自我。我活得比較開心，甚至當我兒子週末去他爸爸那裡住時，有了空閒時間。」

寶拉想像自己一旦成為真正的界線達人後，人生會自由得多，更加開放不受限。她說：「我會覺得自己想做什麼都可以，甚至不需要考慮別人的意見。我將不再基於義務去做某些事。一旦某件事讓我感覺不舒服，我會馬上說出來，而不是拚命忍耐，直到受不了為止。我會立刻轉換心情，不再生悶氣。」

在進行書中十道步驟的過程時，潔西卡發現一件有趣的事：去餐廳時，她若不先確認對方點什麼，就沒辦法決定自己要點哪樣餐點。然後，她會點同樣的東西，因為她相信這樣做可以讓對方高興，更喜歡有她作伴。「不再讓別人的意見或感受影響我，表示我不再討好別人。」潔西卡說，「這算是巨大且美好的轉變。若我設定界線，可能最後會想清楚自己是誰，知道自己喜歡什麼，別人也會更加尊重我，吸引更多積極正面的人，整體來說，更滿意自己的人生。我的人生或許會全然改觀。」

我們經常忽略了設立界線的另一面，有許多正向的可能性。首先，我們太過害怕最壞的情況，僅能如此想像。其次，我們往往不太熟悉正向的結果，因此很難設想那種畫面。我的情況正是如此。即使我的婚姻一團糟，我數次回到丈夫身邊，最後才鼓起勇氣結束婚姻。我那時缺乏設想未來的能力，看不出若沒有那段關係，人生會變得多麼自由快樂。我只能設想自己有婚姻。

幾年前，我和姊妹洵凱麗去健行，她一路上試著幫助當時感到限制重重的我，看見其他可能性，一定要我想像五年後的生活可能是什麼樣子，哪怕只想出一種也好。但她越是執意要我具體說出某種可能，我越感到壓抑、想哭、拒絕說話。我不知道自己為何反應如此激烈，這只是一項無聊的練習罷了！但在那個時候，要我想像出更好的生活，簡直是天方夜譚。

回望過去，我真希望自己能夠稍微窺見今日的生活。我過去的生活與現在相較可謂天差地別。我並不是說每天都有陽光和花香，但我現在按自己的規則過生活。如今，我有自己熱愛的職涯，日後或許有機會創業；有一段活潑坦誠的親密關係，還能夠自由做抉擇，我以前從來不知道自己有這份自由。我不太擔心別人對我的看法，而且把自己放在第一位。一切都變得非常不同。

雖然真的很難（依我的經驗，非常容易觸發情緒反應），鍛鍊想像力肌肉極為重要。哪怕只是瞥見或稍微聞到另一方面的可能性，都會增強我們的決心，著手設立亟須設立的界線。我們若能想像新人生的面貌，就比較可能採取必要行動，貫徹到底。正是這份願景給了我們自信心和勇氣，讓我們為自己做出更好的選擇。

在此我要說清楚，我並不是指你必須拿出口紅膠和雜誌製作願景板。若你真想做，當然也可以，但我自己二十幾年來都沒這麼做過（賀氏書屋的作者居然如此，太讓人震驚了）。碰巧我不太相信「魔力信念」，甚至吸引力法則。我不信這類信念或法則是能夠獨立運用的技巧。依我的看法，正向的行動必須用來創造我們衷心嚮往的生活，而首先每個人必須改變「設立界線很危險，根本不可能」這套根深柢固的信念。

如今回頭看自己結束婚姻，對家人、朋友和同事展現真實自我的那段歷程，我也想像得到若沒有跟丈夫離異，現在的人生會是什麼樣子。毫無疑問，我仍舊跟他在一起，隱藏一部分的自我，因為我以為那些面向是不被接受的。我絕不可能變成人生教練，連一本書也寫不出來，遑論寫出好幾本。我不可能加入賀氏書屋的陣容，主持每星期的廣播節目，更不可能有幸幫助這麼多人改善生活品質。我曾以為這一切不可能發生，多麼悲哀啊！

當然，設立界線不表示你必須結束關係，只不過我的情況是如此。但在你著手設立某些界線時，最好通盤檢視可能的後果，包括正面與負面。如此一來，你便可本著勇氣（而非恐懼），做出明智的決定。

所以，步驟六是從正面與負面情境出發，設想未來是什麼樣子。首先，你認為設某些界線會帶來不堪忍受的苦果，還是別這樣做比較好，想想你會有什麼樣的未來。其次，你認為不論結果如何，是時候設下界線了，想想你會有什麼樣的未來。我要先說清楚，兩種情況都合理有據。若你眼下面對的是錦上添花的界線，沒那麼迫切想改善情況，後果卻很嚴重，最終你決定不設界線也完全沒問題。

打個比方，你跟另一半有不同的度假方式。你不喜歡海灘，但你丈夫非常願意在海濱小屋長住。你想設立一道界線：不要再去海灘度假。這項要求對你丈夫的影響很大，因為他是在海邊長大，一年至少要有一段時間在海邊生活才行。難道你打算放棄他身上許多美好的特質，讓關係劃下句點，只因為你覺得鳳梨可樂達非常難喝？應該不至於，而且這是非常合理的抉擇。

「勾勒有自主權的願景」這道步驟，需要進行更多的練習，如果你願意盡力做好功課，我保證你會從中獲得極多啟發。

界線與欲望

我們得先花些時間討論欲望，才可以進一步探討各自的願景。唯有當我們充分了解自己想要什麼——具體來說，是目前有什麼渴盼的東西未能得到——才會逐漸明白該設下什麼界線。我甚至可以說，在追尋愜意滿足的人生的過程中，設立界線是我們所能採取最為有效的行動。

「創造出符合自身想望的生活」此一概念乍聽之下有些費解。大多數人經常責怪命運或其他人，認定是外在因素害我們沒能擁有最想要的一切。我們以為其他人應該要有某種行動或表現，好讓我們快樂，而對生活感到失望時，自己既無責任也沒有過錯。我們沒發現之所以至今仍未得到想要的事物，泰半是因為自己沒有藉由設立界線，主動表達要求。

我不是要你自責，也並非無視於世間不同族群的人具有不同的優勢和劣勢。誠然某些人要創造真心渴望的人生更加艱難，而現代人最了不起的任務，便是要求全人類有公平競爭的環境，不因種族、性別、性傾向或宗教而有差別待遇。

與此同時，身為長期受壓迫的族群，並不表示我們在人生中毫無能動性可言。你拿起這本書來讀，是因為你已經準備好為自己的抉擇承擔責任。一旦你決定為自己的人生負責，一段時間後便會看見正向的改變，雖然要終結整個體系的種族主義、性別偏見和兩性間的差別待遇，仍有很多功課要做。

我希望你覺得有力量為自己做出改變，因為我見過許多人在各式各樣的情況下，扭轉人生，過更好的生活。而這些改變之所以發生，是因為這些人（1）相信改變是有可能的，以及（2）採取果決行動促成了改變。

然而，第一步得先想清楚自己想要什麼。某些人可能還不太清楚，因為我們多年來一直將自身的欲望放一邊，優先照顧其他人，所以甚至沒想過自己要什麼。

當我的客戶蓋柏莉開始探討自己在人生中有什麼求而不得的事物，她發現自己想改善經濟狀況。具體來說，她和子女達成了一些跟金錢有關的協議，而現在她想更改。

她說，「比方說，我兒子申請汽車貸款時，我當了聯署人。雖然我已經幫他付過兩期的錢，他還款的進度還是落後。我告訴他不會再替他付錢了。儘管這是正向的界線，結果每個月還是遲繳，對我的信用造成不良的影響。」

蓋柏莉希望看到什麼結果？「說到汽車貸款，我希望兒子在財務上更有責任感，按時繳款。從大處來說，我想要有更多的錢和自由去旅行。」她說。「比如我想改變工作現狀，它一直在消耗我的生命。所以我得重新思考擁有更多錢和自由是什麼樣子，設下界線去達成那種生活。」

如果你覺得生活不如人意，設立界線很有可能扭轉你的人生。我的客戶梅根反省自己的人生，說：「感覺我大部分的人生都不是我想要的。我最近才明白自己是在過別人認為好的人生。因為我根本不懂界線是什麼，我想每件事都脫離不了界線。我無法經濟獨立，也沒有讓自己全心投入的職涯可以支持我。我聽從丈夫和會計師的安排，但他們做決定時只考慮公司的利益，不顧我的生活品質。一部分原因是我沒意識到，父母一味強迫我接受他們對很多事的觀念，包括家庭、女性的角色、宗教和政治。我的婚姻有很多幸福時光，但我丈夫和公婆表面上對我不錯，其實一直不太尊重我。我只是被動忍受，從來不設立界線，也缺乏自信和自尊心去主張一己的界線，或者靠自己生活。」她若繼續這樣，早晚會得嚴重的憂鬱症或生一場大病。

潔西卡停下腳步，仔細思索自己進行這項步驟時想達成的目標。「我想要更滿足愉快、充滿活力、更忠於自己的人生，而且身旁的人都珍惜我、重視我、尊重我。這就表示我得學會拒絕別人，不管是出於他們認定的義務、惰性、懶散、恐懼或不當的對待。」

但是，潔西卡必須先思索自己更想從人生中得到什麼，才明白需要哪些界線。這也是你的下一個步驟！一旦描摹人生願景，那樣的人生充滿自己一心渴望珍惜的事物，同時少掉很多不想要的事物，你會不由自主地鼓起勇氣、設下界線。

一旦我們能夠想像更好的人生版本，幾乎就會自動設下界線。我們和別人交換快樂的那些畫面突然變得清晰而醒目。先前耳畔細微的聲音變成轟隆巨響。接著，那一刻到來——我們再也不能忍受被踐踏，一刻也不行。同時，你可以主動想像自己的人生裡，有許多真心想要的事物，以迎接這一刻到來。接下來的練習主要與此相關。

練習

你的欲望清單

這項練習會幫助你探索內心渴望的事物。在人生中，有什麼是你覺得多多益善？有什麼是你覺得越少越好？之後，你會評估某項未設的界線，是否妨礙你獲得渴望擁有的事物。在日誌或電子裝置上，將答案逐一寫下來。

1. 你希望在生活中增加哪些事物，或引進哪些新事物？列出五到十種物質和非物質的欲望。大小不拘，但必須具體明確。如果你想要更多錢，明確寫出金額。如果你想要旅行，寫出你想去的地名，以及每年想旅行幾次。如果你希望某些人更加支持你，寫下你希望從這些關係中獲得什麼樣的感受。如果你想要更多屬於自己的時間，寫下你想在何時進行哪種活動。

2. 你希望生活中能夠減少或移除哪些事物？同樣列出五到十項物質及非物質的欲望，而且要具體明確。如果希望少花一些時間陪公婆，寫下你盼望的情況（例如我不想跟他們一起度假，但可以在假期時見面）。如果是想減少加班時數，你加班的上限是幾小時？如果不想經常與子女起衝突，明確指出你想解決哪一類衝突（衝突的性質），以及希望日後親子關係帶給你什麼樣的感受。

3. 看看兩份清單上的細項，問自己：我能夠設下什麼界線，來獲得更多想要的事物，並且（或者）減少不想要的事物？在每個細項旁邊寫下需要設立的界線，以此做出改變。

4. 若你在做這項練習時，想到任何新界線，把它加入「界線金字塔」，放在適合的位置（三大類型：錦上添花、最好要有、非常重要）。

考慮替代方案

我一再看到客戶們只擔心設界線之後產生某些後果，卻忽略了設定界線後，機會就此展開。我們都害怕改變與未知。只有人類會預期危險降臨，希望完全避開危險。因此，我們在上一個練習中，只看設下界線後產生的正向結果，完全扭轉了一般習慣。將維持現狀列為值得考慮的選項之一，也同樣重要。

在你決定維持現狀或做出改變之前，我希望你好好做功課，充分了解情況。因此，下一個步驟是設想自己始終沒有設下最重要的界線，人生會是什麼樣子。如果你決定什麼話也不說，三年、五年、十年後會是什麼情況？

為了避免你一味幻想情況會自行改變，往好的一面發展，我要請你面對現實。我們總是忍不住想暫且相信（並且盼望）我們無須採取行動，情況會自行導正，或者嘗試多年的做法會突然見效。讓我們祈禱她會變好，或者他會幡然醒悟並發現原來自己是個混蛋。我敢說你早就明白這個道理，不過這一類的奇蹟極少發生，甚至可能從未發生過。怠惰、無作為表示情況毫無改善，跟現在一樣。如今使你感到挫折難過的事會一直讓你沮喪、受傷。悲哀的是，許多例子顯示這種不滿會持續惡化，從令人沮喪變成令人憤怒，甚至抓狂。若上司老愛批評你，你能夠忍受幾年才說受夠了？你總是先考慮朋友的需求，在你對某人發飆，或者因此罹患憂鬱症或生病之前，這種共依存的關係能夠維持多久？

我朋友麥蒂年輕時打算從美國南部搬去紐約，必須費盡力氣跟有控制欲的母親和精神異常的父親劃下一道界線。她熟知雙親的個性，要告知父母搬家的消息時，她已經準備好面對一頓大吵。她買了機票，還找到地方住，才對父母說出計畫。

跟她預期的一樣，雙親很生氣，試圖要她改變心意。但麥蒂知道自己必須離開。那時，她以為自己是為了追求當女演員的夢想，多年以後，她領悟到出走是為了活下去。要是她留在家裡，一定很難按自己的方式過生活。她真心懷疑若還是跟父母住得很近，是否能活到今天。脫離雙親的控制，遠離兩人情緒上的毒害，是她生平最聰明的舉動，而這麼做需要勇敢設下界線，大膽表示「這是我的人生，由我決定自己住在哪裡。」

現在輪到你了。如果你決定金字塔內的界線統統不設，你的未來會是什麼樣子？你在上一個練習中寫下了滿心渴望的結果，全都無法實現；你得繼續體驗什麼樣的人生，而且是你不想要的人生。

若你的未來缺少已設立的必要界線，光想就令人頭皮發麻，但這項練習在此發揮了效力。若你不去思考確實存在的風險，就很容易選擇較少衝突的那條路，又回到舊有的模式，並告訴自己別膽戰心驚地設立界線，照樣能夠活下去。在腦中創造出「未來的聖誕幽靈」形象也會讓你在讀完本章時，更容易描摹可能出現的最佳願景。所以，拿出勇氣，來個深呼吸，一起誠實檢視若維持現狀，未來會是什麼樣子。

練習

設想沒有界線的人生

在這項練習中，我要先請你閉上眼睛進行冥想，想像一個完全沒有界線的人生（把你打算設立的界線統統拿掉）。接著，把自己預見的一切寫下來。以後只要你的內心冒出恐懼，對自己說沒有界線會過得更好，就把這張紙拿出來看。你讀完本章時，會有積極美好的願景，而這項練習可當成一則警世故事，讓你有滿滿的勇氣和堅定的決心，為自己設下必要的界線。

進行冥想時，請關掉所有的電話，這樣才能全副身心投入這個過程。穿上寬鬆的衣物，坐在舒適的椅子或沙發上。若你想播放輕音樂或點蠟燭也可以。你可以將以下步驟讀出來，錄成音檔，這樣就不必睜開眼睛，對冥想狀態造成干擾。錄製時，可以選擇跳過本段落。

進行第二部分的練習時，請拿出筆記本或常用的電子裝置。

第一部分：默想一個缺乏界線的未來

1. 閉上雙眼，做幾次深呼吸。全身各部位都要放鬆，先從雙腳開始。接著緩緩上移到雙腿、臀部、肚腹、胸、背、雙臂、脖頸、頭部，直至完全放鬆為止。放鬆時別太用力，只要告訴你的身體放鬆就好。繼續往下做，身體會逐漸放鬆。

2. 你準備要開始了，眼睛還是閉著，想像或感受自己身處於目前居住的家中。你來到五年後。讓自己嗅聞氣味，聆聽聲響，感受周圍的空氣。你正在試圖解決某個極為重要的界線問題，也許已經存在多年。或許是某人讓你失望，或是某人期待你做某件事，它毫無理由變成了你的責任。假設你還沒有針對這個問題設下界線，所以情況一直沒改善，甚至在某種意義上趨於惡化。放任自己想像一下可能出現的情景。

3. 現在，快轉到五年、十年以後。你注意到，整整十年過這種界線被侵犯的生活是什麼感覺。你覺得這種人生如何？你注意到自己的情緒和身體狀態嗎？缺乏界線在這十年間是如何影響你的人生？給自己充裕的時間想像這種生活。

4. 從你的金字塔內選擇第二道主要界線。想像自己跟造成第二種情況的人在一起。你一樣沒設下這道界線，現在是十年後。你又讓第二個問題苟延了十年，沒有解決它，這種人生過起來是什麼滋味？你的情緒和身體有何感受？十年來，這種情況對你的人生造成什麼影響？我明白默想這種情景可能不太舒服，甚至很難受。所以你不必想太久，只需要在這種情境下待一會兒，知道若不設下界線，解決造成目前痛苦的問題，人生會是什麼樣子。

5. 當你覺得自己在那種情境下待得夠久，扭扭腳趾，轉動頭部，慢慢回到完全醒覺的狀態。做個深呼吸，準備好了就張開眼睛。

第二部分：寫出缺乏界線的人生面貌

1. 現在你知道若不設下最重要的界線，人生大概會是什麼滋味。要做筆記，把重點寫下來，你才會記得方才冥想時經歷的情況。
2. 尤其要記得將未設界線造成哪些情緒感受，以及是否出現身體不適，全部都寫下來。
3. 保留這些文字紀錄。往後當你想設立棘手的界線，卻又想打退堂鼓，就把這次練習所做的筆記拿出來看，可以幫助你做出設立界線的決定，而且不會害怕跟對方之間產生何種後果。你會提醒自己，若不設下界線，自己會嘗到苦果。

請記住，是否設界線的決定掌握在你手上，但做出決定後，承受後果的那個人也是你。別虧待自己。

你眼前有更強大的人生願景

現在你已經看到沒能設下想設的界線，未來是何光景。黯淡無光，對嗎？奇怪的是，要思索這些界線有助於改善未來，也是同樣困難。我們共依存的模式是優先考慮別人而非自身，不計一切代價只求避免衝突，將這種模式導入人性，讓它持續運作，其實是有理由的。試想，生活中若缺少這種安全機制，有可能失去和諧、造成痛苦，即使新的願景會讓我們更加快樂滿足。所以，若你發現自己在前一個練習中，寧可設想現狀，也不願描摹更加適意愉快的願景，不必感到訝異。這是符合預期的正常反應。

話雖如此，唯有當我們充分設想那個心所嚮往的未來，才能大聲說出那是我們的未來，並且採取適當的行動，因為我們清楚看到自己必須忍受暫時的不適，方可達成我們企盼的長期改變。

我的客戶雪倫想像設定穩固界限的人生，立刻意識到自己會有多麼自由快樂。「我不會再一直擔心別人有何反應。我會花時間思考：**我今天想要什麼？**然後採取行動，達成目標。我會專注於自身，只思考自己應該要怎麼做，才會有一心想要的自由和快樂。」

伊蓮期盼往後的人生有源源不絕的「精力、時間、喜悅、舒適和自由」。「我不再因為某些人生面向不順利，而感到煩惱」她說。「因為我不擔心來自他人或自己的批判，我的創造力會無限迸發。我真正做到言行合一。我會先考慮自身的需要，而且不覺得這麼做是自私。我會非常鍾愛自己，讓自己閃閃發亮！從現實層面來看，我的日常生活會有界線。我跟客戶報價說一不二，因為我知道我的工作有價值，對他們的生活有很大的影響。」

甘蒂絲簡單地概括設下界線的強悍作為是：「我會讓人生獨立運作，用最適合的方式過生活。」

瓦勒麗說，她對未來的展望是「我會跟自己和平共處。某些人的生活因我設下界線而受影響，我同情這些人，但我將會明白這麼做是對的。我想像自己用平靜、真誠、確信的態度說出真話，因為我將和真實的自我合為一體。我的想法、言語和行動是一致的。我會感受到自身的控制力，以及過自主生活的力量，不論這一路上我要犯多少次『錯誤』，改正多少回，都將是我的人生。」

一旦我們敢主張自身的需求，優先考慮一己的欲望，便有無數正向的可能在等著我們。最後甚至可能為自己打造全新的人生，猶如我和我朋友一樣，她離開了箝制子女的原生家庭，在紐約建立自己熱愛的人生。

同樣地，我的客戶柔伊在一九九八年結束第一段婚姻，對她而言，這是極有勇氣的舉動。「我記得自己走出家門，我前夫跟我說：『你絕不可能撐得過去。沒有我，你要怎麼辦？』這句話若在今天，我會放聲大笑；但在那時我想著：『我不知道……可是我確實知道自己不能繼續這段婚姻。』這是我第一次選擇了自己。一段時間以後，我才慢慢脫離自身的模式，但這是我做過最棒的決定。」如今，她和善良又深情的男人結婚，兩人育有一名美麗的女兒。她結束第一段婚姻的時候，還無法看到自己創造新人生的可能性，而這段嶄新的人生比她以往擁有的一切好上千萬倍。

重申一次，設立界線未必要像柔伊和我一樣，採取激烈的做法。但是，我們必須對於可能性有某種信念，相信或許會出現某種結果，只是我們目前還無法理解而已。

在接下來的冥想和練習中，我要請你想像，當你將金字塔內的界線統統設定完成，每一道界線都得到尊重與重視，並且沒有衝突，人生會是什麼樣子。為了達成本次冥想的目的，我要請你展現更大的信念，試著想像每一個你熟識且關愛的人，都完全接受你提出的界線，而且你在設立每一道界線時都沒有愧疚或羞恥。你大概覺得聽起來不可思議，但並非不可能。我們恐懼的目光可能會扭曲對未來的展望，以致無法想像其他人坦然接受我們提出的請求。事實上，你的家人、朋友、同事並不像你以為的那麼生氣。

問題的核心在於：你得承認界線的存在，接著採取具體的步驟設立界線，加以維護，創造出你最想要的人生。你是握有權力的人，所以我才說它是你「有自主權的願景」。

練習

勾勒有自主權的願景

這項練習包含四個部分。第一部分是冥想，之後是三項寫作練習。

進行冥想時，請關掉所有的電話，這樣你才能全副身心投入這個過程。穿上寬鬆的衣物，坐在舒適的椅子或沙發上。若你想播放輕音樂或點蠟燭也可以。你可以將以下步驟讀出來，錄成音檔，這樣就不必睜開眼睛，對冥想狀態造成干擾。錄製時，可以選擇跳過本段落。

進行寫作時，手邊要有日誌或電子裝置。

第一部分：默想未來的情景

1. 閉上雙眼，做幾次深呼吸。全身各部位都要放鬆，先從雙腳開始。接著緩緩上

移到雙腿、臀部、肚腹、胸、背、雙臂、脖頸、頭部，直至完全放鬆為止。放鬆時別太用力。只要告訴你的身體放鬆就好。繼續往下做，身體會逐漸放鬆。

2. 你準備要開始了，眼睛還是閉著，想像或感受自己待在家中，時間是五年後。你可能住在目前的家裡或換了新住處。讓自己嗅聞氣味，聆聽聲響，感受周圍的空氣。你生活中的重要人物也都在場，每一道金字塔內的界線皆已設定完成。你從未因設立界線有過衝突，或產生罪惡感、羞恥感。現在只要界線問題一出現，你當場便可輕鬆設下界線。你的情緒與身體有何感受？你本身的改變對家庭生活有何影響？

3. 想像你正在上班，可能在原公司或是新公司。你設下重要的界線後，對你的職場生活有何影響？人生有什麼不同？你在情緒、身體、心理及精神上有什麼樣的感受？

4. 想像你和一群親戚在一起，也許是一道去度假。既然你已設下所有想設的界線，這回跟他們相處的感受，與以往相比有何不同？

5. 最後，想像你和朋友們在某個社交場合。如今你不再擔心躊躇，懂得巧妙設立界線，你這部分的生活有何變化？

6. 多花些時間待在這個願景中，直到你滿足為止。等你覺得可以了，扭扭腳趾，轉動頭部，慢慢回到完全醒覺的狀態，然後張開眼睛。

第二部分：寫下你成為設界線達人以後，會有哪種人生面貌？

1. 現在你知道一旦設好全部的界線，人生會是什麼面貌，把這個願景寫下來。將冥想時經歷的每件事統統寫下來，日後才不會淡忘。別一味依賴記憶力，把細節寫下來！

2. 尤其別忘了記錄你的情緒感受。你是否覺得有自主的力量？或者感到平靜、滿足、自由？

第三部分：振奮的成果清單

1. 你在冥想過程中看到自己完成設立界線後，生活上出現了某些正向改變。把它們列成一張表。這就是會讓你振奮的成果清單（List of Exhilarating Outcomes）。你可能會這麼寫：
   - 我覺得自由，壓力也減輕了，因為我不再為其他人的感受負責。
   - 我沒跟另一半的家人相聚，終於可以好好享受假期，和子女創造美好的回憶。
2. 把這張成果清單和其他筆記妥善收藏。日後每當你需要設下困難的界線，回頭看看你在這次練習中寫了什麼。猶如缺乏界線的情景使你覺悟，重讀這些描寫最佳情況的文字，也能幫助你做出設下界線的決定，不會因為害怕跟對方產生某種後果而裹足不前。

第四部分：對自己立誓

1. 在這項練習的最後一部分，對自己立下誓言：「我清醒地選擇自己想要的人生。我發現要有這樣的人生，我必須變成設界線達人，我值得擁有自己最想要的人生，不必為此感到愧疚。我會拿出勇氣，按自己的步調去做，直到界線全部設立完成，好讓自己擁有應得的愛與尊重。」然後在這份誓約上簽名，妥善收好，你便可經常拿出來看。

你是否覺得信心和勇氣都提升了？我發誓我有感受到，我們終於走到這裡！這也代表一件事：是時候思考該怎麼做了。設立界線時你會怎麼表達？步驟七主要討論一些方針，可幫助你明確說出自己的界線。

> 請記住：當你考慮是否設立界線時，不妨想想若你善於設立界線，會有什麼樣的人生願景；反之，若缺乏這道界線，你的人生是何面貌。

步驟7

寫出你的腳本

蘿拉的丈夫以前習慣一大早起床，用這段時間聯繫夫妻感情，但早上不太適合兩人進行有意義的交流。他覺得疲累，她則心不在焉。這項早晨儀式反而讓蘿拉備感焦躁。她發現自己真正需要的，是每週享受三個早上的獨處時光。

她和丈夫設定以下界線：「我注意到你早起想與我共度時光，其實會讓我覺得焦躁，無助於聯絡感情。我想讓自己過得更自在，所以打算每週一、三、五的早上一個人過，不要有讓我分心的事物。要是我覺得容易分心，就會早些出門。」當然，她是用關愛的語調說話，不帶一絲氣憤或責怪，但你會發現她的用語簡短、溫馨和直接。

我的客戶金常常因為子女教養問題，與前夫起爭執。他放任小孩吃不健康的食物，也不監督他們寫完功課，因此成績下滑。他不跟金商量，就讓孩子去派對。金為了改正這種情況，與他設下界線：「我很感謝你按照扶養計畫提供經濟資助，也謝謝你家人的付出。但我希望兩人養育子女的方式達成一致，因此有必要經常討論、通力合作。我建議我們每六到八週會面一次，討論子女的需求和彼此該負的經濟責任。你願意抽空做這件事嗎？」

史蒂芬妮的男友老是在她家抽大麻，於是她用這種方式設下界線：「每次你在我的住處抽大麻時，我都會覺得厭惡，因為我不喜歡那種味道，而且就算你在外面抽，家裡還是有味道。大麻電子菸的味道沒那麼嗆，你願意改用電子菸嗎？」請注意她主要是說自己對於抽大麻的感受，並沒有譴責他本人。若他表示抗議，她仍可提出另一個選項，要他抽大麻時去街區走一圈，而不是在大門外做這件事。

潔西卡的丈夫說服她養一隻狗，並說自己想要帶狗去散步或跑步。沒過多久，她丈夫不再遛狗，潔西卡不希望狗沒被照顧好，便接下這份責任。但她很快感到怨恨，便設下一道界線：「我們買這隻狗時，你說會帶牠去散步，現在卻都是我在遛狗，讓我很挫折。」潔西卡對丈夫說，「我不想負這個責任，所以如果你遵守諾言帶牠出門，我會很感激。」

他只回答：「喔，好啊。」如果他不願意照辦，潔西卡也可以說：「要是你不願意像當初所說的，對狗負起責任，我們就得替牠找一個家，因為我不想再遛狗了。」這是相當強硬的態度，然而，另一種做法會讓她對丈夫的怨恨日益加深，可能對兩人的關係造成難以彌補的傷害。

雪倫雇了一位助理，每天都寄好幾封電子郵件問她問題。首先，雪倫意識到自己必須給助理更明確的指示，於是她要求每週會面一次，討論沒那麼緊急的問題。她針對電子郵件設立界線時是這麼說的：「若你寄一封電子郵件來問問題，我會在二十四小時內抽空回信。假如問題沒那麼急迫，請將問題編輯成一份清單，我們每週會面時再來討論。」雪倫設下這道界線後，就不用額外騰出時間回信。

以上例子是我的幾名客戶採用某些腳本來設立界線。我認識很多人之所以不設界線，只因為不曉得要說什麼。所以在這項步驟中，你會決定使用哪些措辭，設立一項或多項界線。事先選擇用語，可以幫助你在設立界線時更加篤定（希望如此），無須揣測或遲疑，也不至於因為當下的情緒而未能設好界線。

設立界線的用語指南

蓋柏莉試圖與丈夫建立界線，卻始終沒成功。「反覆出現意見不合的情況，我老是被惹哭。」她說，「我無法提出一個簡單的觀點，因為他會反擊，然後回過頭來要我提出觀點。我要是回應，他就再次反擊。搞得兩敗俱傷，最後我就會哭出來，並跟他道歉。」即使她已經道過歉，他有時還不肯罷休，繼續奚落她，說她錯了、腦筋差又無情。

我有許多客戶不太敢設立界線，其中一個原因便是害怕遇到像蓋柏莉這種情況。這些人已經試著傳達一己心願，結果免不了跟家人爭執。但只要遵照基本的用語指南，這類爭執大多得以避免。當然有些時候，你不可能跟某人建立界線，若對方具有自戀型人格或邊緣型人格障礙更是如此。這些人就是沒辦法尊重別人的界線，也無法理性討論界線的問題。如果你是和有心理問題的人交往，就要格外小心，避免跟對方討論界線。你可以選擇盡己所能地與這類人維持一定的界線；在某些情況下，有可能表示你得完全脫離這種關係。

然而，如果你是跟理性的人討論界線問題，最好也要避免過度解釋你的立場。「我有過度說明每件事的傾向，」伊蓮說。「已經數不清多少次，我寫了簡訊或電子郵件又刪掉，因為我過度解釋自己如何做決定，但對方不必知道這麼多。」

甚至有面試官告訴芮妮，她太過誠實坦白，促使她思考該在何時、何處，用哪種方式分享哪些資訊，以建立界線。很多時候，我們過度分享資訊或解釋太多，是為了緩和潛在的衝突，也可能是我們想尋求對方的首肯或認可。

馬歇爾．盧森堡（Marshall Rosenberg）提出了非暴力溝通（nonviolent communication, NVC）的溝通方法，指出我們是自身資訊的守門員。要坦誠以告或守口如瓶，由你定奪。若從設立界線的角度出發，說得越少越好。你沒義務解釋自身的原委，只要給出必須的交代就可以了。

如果你記不住本章太多細節，只要謹記這兩項指令：

足夠傳達出你想要和需要的界線就好，不必多說。

「不」是一個完整句。

若有人向你提出請求，而你說「不」，那個人很可能會等你繼續解釋原因。但某人想要一句解釋，不表示你有義務說明。「我想，很多人被拒絕時會嚇一跳，總覺得應該要有個理由。」柔伊說。除非你感到有必要好好說明，否則無須多說。

假如你覺得說「不」以後，必須再說點什麼，例如，向你的主管回話，那麼就簡單表示：「不，我沒空做那件事。」或者「不，那種做法不適合我。」對方多半會下意識地更尊重你，因為他們感覺得到你坦誠相告。

我們往往說出「不」以後，還滔滔不絕地說下去，覺得有必要讓對方理解，其實是你想要對方的認可。所以，別把得到理解看得太重要，它會弱化你抉擇的力量。假如你決定在「不」以後多說什麼，要有更好的理由，而不是因為你害怕衝突或否定。

舉個例子，你不喜歡花時間跟某人相處。你不想傷感情，但實在不想再跟對方出去玩。下次當對方邀請你一起去做點什麼，你可能說「不」以後，還想說點什麼以表示親切。即使如此，你仍舊沒必要提出冗長的解釋。你只要說：「我很珍惜我們在一起的時間，但我有很多事要忙，排得滿滿的，所以未來這段時間都沒辦法排新的計畫了。」

牽涉到其他人時，我有個設立界線的簡單格式。它是由兩部分組成：提出請求，必要時說出你的意圖，而且一併說明對方造成的影響，即「當你做X時，我覺得Y」，然後直接提出請求。我把它想成是A計畫。這種表達方式是希望對方聽到、也理解你的請求，同時願意並能夠遵守你要求的界線。以下是依照我喜愛的格式，所提出的幾項請求：

- 你不清洗自己的碗盤時，我覺得挫折，好像理所當然要我洗。你願意從現在起，洗自己的碗盤嗎？
- 每次你哥哥講種族歧視的話時，我就覺得既生氣又不舒服。除非是家庭聚會，否則我不想再跟他保持社交關係。你可以接受嗎？
- 你的狗跑過街來我家的院子大便，讓我很生氣，因為最後是由我清理收拾。可以麻煩你想個辦法，讓狗在你家的院子裡大便嗎？

在理想的情況下，對方會說：「真對不起！我不知道自己的行為對你造成這種影響。現在起我會設法改善。」唉！但不是每次都有這麼好的回應。所以若對方不願意或無法配合你的請求，下一步就要採用B計畫：讓自己身心愉快。這時，你要讓對方知道日後你會用哪種方式處理這種情形，達成你自身的需求。請記住，沒有人有責任維持這項界線，這是你一個人的職責。不論是哪種情況，在提出建立界線的請求之前，都要有一個備案（B計畫），以確保你的界線被（對方）遵守。以下幾個例子是根據前一段的請求，所擬定的B計畫：

- 既然你不肯洗自己的碗盤，我要撥一些家務預算買紙盤，這樣我就不用替你洗了。
- 既然你還是想和哥哥維持社交關係，那我就待在家裡。
- 既然你不願意讓狗待在自家院子，下次我再看到牠跑來我家院子時，我會打電話給動物管制單位。

大部分情況下，最好先看看對方是否願意配合你提出的請求，若情況再次發生，再說你會怎麼處置。不過要善用觀察力，判斷對方是否願意配合這項請求。如果兩人之間一直有爭端，直接提出請求可能有困難，恐怕會引起更大的爭執。你可能先前已經試過好幾次，都宣告失敗；若是如此，就跳過吧。此外，常辱罵人或自戀型人格的人也無法與你協調配合。遇到這種情況，你很可能需要說出你要採取哪種作為來維持界線，根本不必提出請求。

以下補述一些用語指南，幫助你撰寫設立界線的腳本：

- **避免說出責怪對方的話**。別忘了，侵犯自身界線的人始終都是你，是你讓這種情況持續這麼久。確保你的界線從現在起得以維持，是你的職責。如果你不高興，可能得設法控制怒氣，這麼做是值得的。如果你說出帶有譴責的話，會衍生出更大的爭執，得不償失。所以承認現況，一直以來，是你踰越了自身的界線，允許傷害你的環境存在，如今你抱持強烈的決心，建立起新的界線。
- **試著聚焦在自己身上，強調你的感受**。用我當主詞，陳述自己對這種情況有何感受，以及你想怎麼做來糾正現狀。儘管你可能要稍微提到對方的行徑，但話鋒要盡快回到自己身上，以及你因此產生何種感受。
- **別陷入自責，而且不要輕易道歉，除非你覺得有必要**。有些時候的確需要道歉，但我們常因為覺得尷尬而道歉。我們若沒做任何事傷害對方，就沒必要道歉。請記住，你是在照顧自身需求，你沒有錯。你拒絕滿足對方無理的要求，並沒有傷害到誰。如果你傾向把不屬於自己的責任攬到身上，請密切注意這個習慣。我明白很多人在拒絕別人時，覺得要說對不起，否則好像說不過去，但我努力訓練自己在衝口而出之際收回抱歉的話。別陷入「對別人展現過多同理心，卻吝於照顧自身需求」的模式，因為這種做法傳達出含混的訊息，會削弱你的立場，讓人以為你缺乏決心建立你值得擁有的界線。

- **避免自以為是的說法**。指責別人無濟於事，對誰都沒好處。比方說，如果你講出「天知道我多少年來都在幫你收拾髒衣服」或「每次去晚宴時，喝醉酒的人可不是我」這樣的話，很可能引發爭執。按腳本走，只談自己的感受。
- **別給自己找藉口**。你沒必要向別人解釋你需要界線的原因。例如，你不必說：「我沒錢借給你了。」只要表示從現在起，我不再借你就好。若對方問原因，只需要回答你不願再這麼做就好。你沒義務提出解釋或足以說服人的理由。
- **別空言恫嚇**。喊「狼來了」，只會削弱你的決心和自我信任感。若你說下回丈夫再喝第三杯酒，你就要離開宴會，那麼真的發生這種情形時，你就得離開現場。若你要求加薪，別威脅說若沒得到加薪就要離職。意思是，除非你真的打算這麼做！

為正向的結果定錨

布芮尼·布朗曾在知名主持人歐普拉（Oprah）的網站上提到，每當她打算建立某道界線時，會先拿出一樣東西當成定錨物。她的做法是在手指上轉動戒指，同時反覆告訴自己：寧可不舒服，也不要怨恨。提醒自己會感到短暫不舒服，以換取長遠的輕鬆。

當你準備好與另一個人建立界線時，我建議選擇某種像這樣的動作，在任何場合都可以做，而且不會被人發現。這個動作可以提醒你：你為何打算設立界線，也會讓你覺得具有力量，能堅持到底。以下是幾種可能的做法：

- 轉動你的戒指、手錶或手鐲。
- 用一隻或兩隻手指輕敲腿部。
- 用指甲輕輕地按壓掌心，提醒自己要忠於自己的身體，並活在當下。
- 隨身在口袋內放一顆石頭或水晶，拿出來握在掌心。

你甚至可以在演練說詞時，用定錨物增強效果。拿出定錨物做某個動作，讓自己充滿勇氣；進行腳本練習時，轉動戒指或進行任何動作，便能創造出有勇氣的記憶，可以在你設立界線的當下派上用場。

你要用什麼來定錨呢？

設立界線時的措辭

雪倫開始努力設立界線後，與在交友軟體上認識的一名男士約會。見到本人後，她馬上發現對方起碼比她大二十歲，所以他的個人資料是騙人的。一開始她還不確定自己的感受，因此當對方問她想不想再約，她說：「我要努力保持誠實，而我很難接受年齡上的差距，給我二十四小時想清楚。」在這段時間內，雪倫明白答案絕對是「不」。換作以前，她會立刻答應下一次約會，以免傷害對方的感情。

正如我的客戶蒂娜所說：「不管是什麼事，我都不再立刻說好，除非百分之百肯定。」

請記住，違背心意對其他人說「好」，就是對自己及內心的渴望說「不」。

我發現有個方式有助於練習檢視自身的真實感受，對自己說：**你必須等上一段時間，才可以對任何事說好**。就算你想接受某項邀請，也要逼自己停一下再回答。進行這項作業時，試著運用下列措辭：

「謝謝你邀我。我確認一下時間表後再回覆你。」

「感謝邀請。我想過以後再告訴你。」

「聽起來滿好玩。我先確認幾件事以後，明天回簡訊給你。」

不妨考慮記住這些說法，這樣你隨時都可以拿出來使用。然後把它想成一種遊戲：每次記得用上面的說法應對時，就告訴自己做得好。

以下還有幾種適用於不同情況的措辭，能幫助你運用簡短貼心的回覆，開始設立界線。

表達拒絕：

「謝謝你邀我，但我沒空。」
「感謝邀請，但我沒辦法去。」
「我覺得這個提議很棒，但我沒辦法，下次再說吧。」

請對方別再擅自發表意見或批評：
「我不接受你對我的體重發表評論。」
「我沒問你對我的外表有何看法。」
「我沒興趣聽你對我的人生抉擇發表意見。」

直接提出請求：
「今晚，我想決定我們去哪用餐。」
「每週我想在客房待一晚，因為我一個人睡得比較好。」
「我想請一位助理幫忙完成這項新專案。」

花時間沉澱思緒：

「我現在很生氣，等我們都平靜下來再談這件事。」

「現在再談下去只會造成傷害，沒什麼好處。我要去隔壁房間待十五分鐘，再回來跟你談。」（一定要說話算話，十五分鐘後就回來！）

「我需要二十四小時好好想一想，再讓你知道我想怎麼做。」

你的「官方說法」

普萊雅最近剛離婚，她的家人一直要她詳細說明事情的始末。你為什麼要斬斷這段關係？你跟他談過了嗎？你們沒有試著解決問題嗎？他做了什麼可怕的事？你不覺得該避免走上離婚一途嗎？因為她們家習慣無所不談，熟知彼此的事，她至今仍覺得很難建立合適的界線，也就是不公開細節。所以她發現自己試圖解釋，但語帶保留；或者當家人發問時，只回答「我不知道」。

普萊雅的家人認為她必須講清楚，但她其實無須向家人解釋什麼。

她需要一套說詞，我稱之為「官方說法」：用一、兩句話明確設定界線，而且隨她講幾次都可以。以這個例子來說，普萊雅的官方說法大概是「我覺得徹底分開是對的，我不太想透露更多細節。」不論哪個家人試圖談論這件事，她都可以祭出這句話。最後，大家會對同樣的答案感到厭煩。

沒錯，她不肯鉅細靡遺地說明，家人可能為此惱怒，但人生就是這樣。家人沒權利干涉她的私事。要是她屈服，把家人想知道的細節都說出來，就會心生憎恨，也會招來更多批評——這是她們的家庭動力模式。普萊雅的模式則是先要求界線，之後又為了尋求贊同而讓步。但是我們都知道，普萊雅只需要在意自身的立場就好。她在人生中做的決定，無須向任何人辯解；別人發問並不表示她一定要回答。然而，多年來她習慣心軟，在沒有太多支持的情況下做出改變，可能有些困難。這時候，官方說法特別適合派上用場。

只要給出官方說法，就不必和對方激辯為何要設界線。說完以後就閉口不言，一旦有人踩過界，照樣用官方說法輕鬆保持界線。一有需要就搬出這句話。當你和某人第一次聊起此事時，或許得多說幾次才能讓對方充分了解。若你先前很長一段時間皆未堅持界線，甚至沒提過這道界線，如今突然改變做法，更需要多說幾遍。

你的官方說法多半是本章開頭提到的B計畫說詞：「若你做X，我就做Y（以使自己身心愉快）。」

我們通常是和熟識的人建立界線，所以不難想像對方會說什麼話回應。在你準備腳本，進行重要對話之前，先設想幾種可能的回應。美式足球綠灣包裝工隊（Green Bay Packers）的阿倫・羅傑斯（Aaron Rodgers）表示他上場時不會緊張，因為他已經在腦子裡想好各種可能的狀況，幾乎沒有哪種情況難得倒他。在你準備好設立界線時，可以參照他的做法。我誠心建議先列出對話可能朝哪幾個方向進行：「若對方說或做X，我就做Y（來處理好自己的事）。」（回應時最常說的話，就是你的官方說法！）

當然，我們無從確知對話朝哪個方向進行。我發現很多客戶得到了令人驚喜的回應。無論如何，你準備得越充分，坐下來談時就越有自信；而自信是堅持到底的關鍵。

所以，把我想成你的教練，正式比賽前在更衣室陪你模擬狀況。我們一塊溫習幾種可能的腳本，以及各腳本可能催生什麼樣的對話。以這個例子來說，不妨想像你有一個習慣不打招呼就到你家作客的弟弟，而你打算要建立界線。

你：「你來之前不先打個電話，會造成我的不便，因為有些工作必須完成卻被打斷。你可不可以先打電話，我再告訴你方不方便過來？」

弟弟：「我還以為你喜歡跟我共度時光。」

你：「我是很喜歡跟你在一起，但有些事我必須專心處理。我希望你往後過來前先打電話。若是你沒先打招呼，我就無法開門，因為我得先處理事情，完成工作。」

弟弟：「嗯，你這樣真沒禮貌。」

你：（提出官方說法）「如果你先打電話，計畫一下，我很樂意招待你。」

弟弟：「不是都說想到就去做嘛！」

你：「如果你先打電話，計畫一下，我很樂意招待你。」

弟弟：「但我們以前沒這樣做過。」

你：「目前我需要用這種方式處理自己的事。如果你先打電話，計畫一下，我很樂意招待你。」

弟弟：「好啦、好啦。如果我先打電話，計畫一下，你會很樂意招待我。」

你：「沒錯！謝謝你。」

請注意你既不必和他展開深入的討論，也避開了爭執，即使他企圖操控你、讓你內疚。你只是反覆祭出官方說法：「如果你先打電話，計畫一下，我很樂意招待你。」

雖然上述情境中的弟弟，一開始聽到這種安排有些反感，最終還是會釋懷。若非如此，你就要準備實施B計畫：當他不請自來時，不替他開門。

以下的對話很可能出現在兩名好友之間。此處打算建立界線的朋友先提出請求，再祭出官方說法：

朋友1號：「每次你跟我開口借錢，我就覺得不舒服。雖然我很愛你，但希望你別再跟我借錢。」

朋友2號：「但我一直都仰賴你幫我脫困。」

朋友1號：「我知道，但我已經不想再借錢給人了。」

朋友2號：「但為什麼？我知道你有這筆錢。」

朋友1號：「我現在需要這筆錢，而且希望你尊重我的決定。」（請注意她並未開口道歉，也沒有談及自身的經濟狀況、提出解釋或藉口，只是具體說出自身需求。）

朋友2號：「唔，你要是不幫忙，我不知道該怎麼辦。難道你不關心我會怎樣嗎？」

朋友1號：「我當然關心。（提出官方說法）不過，如果你以後再跟我借錢，我會結束對話。」

朋友2號：「要是你需要錢，我又有這筆錢，我會立刻給你。」

朋友1號：「如果你以後再跟我借錢，我會結束對話。」（請注意朋友企圖讓她感到內疚，但她不予理會，直接給出官方說法。）

的確，朋友1號採取苛刻的做法，而且這種情況可能會讓友誼破裂。我的客戶都害怕發生這種情況，但她們採取這樣的做法後，心情大為好轉。你不想給的東西，對方卻一心盼望你給，這算哪門子的友誼？

那麼當對話變得激烈，你會怎麼做？我的朋友伊莉莎白不久前才遇到這種情況。她十年前失誤過，這些年來一直忍耐姊姊的輕蔑和怒氣。伊莉莎白已經在三種不同的場合真心道歉了，但姊姊不肯讓事情過去，幾乎每回見面都要謾罵一次。伊莉莎白知道自己必須設立牢固的界線，她說：「你往後絕對不可以這樣對待我，否則我不會再見你。」但她愛姊姊，深怕失去她。

壓垮駱駝的最後一根稻草是一封電子郵件，姊姊責罵她居然決定不回家過節。伊莉莎白拿起話筒，打電話給姊姊。她直捅馬蜂窩，劈頭就說：「我決定不回家過節，似乎讓你很生氣。」她姊姊一如既往開始數落她，這場對話就此展開。

伊莉莎白：（打斷姊姊的話）我要請你在這裡停一下。現在你在對我吼叫，這種事以後不要再發生。我不允許任何人這樣對待我，只有對你例外。但我的忍耐已到達極限。從現在起，你要尊重我，對我和氣，否則你不會再見到我。

姊姊：（氣憤）我不知道你在說什麼！你真的很自私……

伊莉莎白：（再度打斷她的話）我說的是此時此刻的情況，你在對我大吼，還說我自私、不負責任、只想到自己。事實並非如此，我身邊的人只有你對我說這種話。你以為可以這樣對待我，只因為我是你妹，但從現在起，你對待我要像朋友一樣，不要再把我想成是你妹妹。如果你尊重朋友，卻不能同樣尊重我，你的生命裡就沒有我這個人。

姊姊：（停頓許久，然後哭了）你說得對，你說得對。我不懂自己為何這樣對待你，我愛你，我只是對你很生氣。

伊莉莎白：（哭泣）我非常愛你，不想失去你。如果你生我的氣，我願意跟你理性對話，任何事都可以談。但我不再忍受你對我吼叫，說我很糟糕。

姊姊：你說得一點也沒錯。我明白，我會設法改善。

伊莉莎白鼓起勇氣開口後，發現對話進展相當順利，讓她感到驚訝。多年來她讓自己處於火線，擔心引起更大的衝突。但是，當她維護自身界線，並準備好堅持官方說法，她姊姊認錯道歉，不再動輒罵她。她們至今沒再出現問題。

下面對話是某位男士苦苦嘗試，與妻子建立界線。雖然我建議你不必過度解釋，但如果是跟生命中非常重要的人溝通，你可能會想稍微說明原委。再說一次，你大可向對方解釋，但出發點不該是自我防衛，或藉此道歉、找藉口、尋求認可。不論你怎麼做，別替建立界線一事找聽來合理的理由，只為了讓對方覺得好過。你沒有責任這麼做。要站在自主的立場上解釋，並且告訴自己：你有資格設立界線，然後盡快祭出官方說法。**澄清事實，但毋須將動機合理化**。此處你的定錨物也會派上用場！

丈夫：「我從以前開始就要求有屬於自己的時間，但沒有守住這道界線。從現在起，為了保持身心愉快，每週六上午我要獨處。」

妻子：「我不懂你為何想遠離我。」

丈夫：「我不是想遠離你，只是需要一些時間獨處。」

妻子：「這樣我會覺得你不愛我。」

丈夫：「你知道我愛你，但保留一點時間給自己是有益的。每週六上午，我要獨處四小時。要是我覺得待在家裡無法享受獨處時間，我會去外面。」

妻子：「如果你出門，我怎麼知道你不是去跟別的女人見面？」

丈夫：「我會去別的地方享受一個人的時光。」

妻子：「你為何要這麼做？」

丈夫：「這是我的需求。」

妻子：「那我的需求怎麼辦？」

丈夫：「你的需求是你自己的責任。我願意聆聽你的需求，但我要請你同樣尊重我的需求。我愛你，也喜歡你的陪伴。從現在起，為了保持身心愉快，每週六上午我要獨處。」

現在你知道了一些可能有用的腳本，當然，需要針對你的人際關係型態，創造自己的人生腳本。上述例子只是參考，幫助你寫出自己的腳本。

在下面的練習中，我們會一起為你的某項基本底線（非常重要的界線）撰寫腳本，但你還不需要設界線。事實上，我勸你先別設。這只是準備工作，還需要一些別的工夫，如此一來，當你真的設下界線時，便可獲得最佳結果。

練習

寫出你的腳本

在這項練習裡，你必須從界線金字塔中選出某項非常重要的界線，在日誌上或某個電子裝置上，寫出你的腳本。

1. 先寫出你的請求（務必表明X、Y、Z各自代表什麼）。「當你做X時，我覺得Y。你願意停止做這件事嗎？」如果對方拒絕，那麼你就說：「下次你做X時，我會做Z，讓自己身心愉快。」
2. 就算對方答應你的請求，還是可以說明你有實施B計畫的意圖（官方說法）。「若再發生X，我會做Z，讓自己身心愉快。」最好別太期待對方一定會達成約定。舉例來說，你父親可能答應不再奚落你丈夫，而他很難改掉這個習慣。你可能經常提醒他改善，但他依然故我。因此，你希望他明白這次你會說到做到，若他重犯，你會採取行動。接下來便是準備好落實你的官方說法，將言語付諸行動。若你說下回他在你面前貶損你丈夫，你會離開，那麼就要有先行離開的準備。

3. 你覺得對話會怎麼進行？把它寫下來。對方可能會說什麼話表示抗議，你想要怎麼回應？接下來要寫「若你說或做＿＿＿，那麼我會說或做＿＿＿」，版本越多越好，把你想得到的可能性全都寫出來。但在你寫出自己的回應前，先重讀本章前面的用語指南，免得掉進常見的陷阱，同時記得別陷入冗長的討論。請謹記：大多數時候，用官方說法回應即可。

4. 若可以，盡量找個「界線夥伴」一起進行。此人願意跟你討論你目前正設法建立的界線，而你也協助這名同伴建立界線。尤其在你設立界線之前，這名夥伴要為你精神喊話；而在你設完界線後，這名夥伴要陪你紓解此次經驗造成的情緒壓力。我強烈建議你花些時間找個配合良好的盟友。接下來這個步驟，你預備設下這道重要界線之際，尤其需要這名夥伴的幫助。

你已經發現這些「情緒障礙」阻擋你前進，也探討設立或不設界線會有什麼樣的後果。既然你有腳本指南，需要的工具一應俱全，便很有希望順利設立界線。你是否一想到設界線就膽戰心驚？別擔心，我們會先從比較容易的界線著手，一步步邁向更具挑戰性的界線。準備開始吧！

請記住：足夠傳達出你想要且需要的界線就好，不必多說。

步驟8

新手入門：先選擇幾項容易建立的界線

「剛才高層叫我交一份試算表，你明天之前要把資料給我。」鮑勃的主管告訴他。但鮑勃往下捲動畫面，看到主管收到頂頭上司的電子郵件，日期是幾天前。顯然這封信並非「方才」收到的。

鮑勃週五原本要休假，只會進辦公室一下子。「我一定會在星期四下班前交給你，請你在週五早上十點前把修訂檔案寄回給我。」他對主管說，主管同意這項安排。

週五的下午一點左右，鮑勃收到主管提出修訂的電子郵件。鮑勃回信道：「我們已經說好，早上十點前我會收到修訂檔案。我不在辦公室，現在無法編輯更動。」

他主管有何反應？「你說得對，我的確答應過你。我會處理。週末愉快！」

鮑勃說若是以前，他會放下所有事，打開電腦進行修訂編輯。對他來說並非易事，但他對此感到自豪，「我為自己設下界線，加以遵守。我想，我這麼做的時候贏得了尊重。」他說。顯然並不是每個人的主管都有良性的回應，但再說一次，我發現大家預先設想的糟糕後果其實極少發生。

對瑪格麗特來說，她跟某個學生之間有必要設下界線。瑪格麗特說，「她非常貼心，喜愛我分享的一切，而且想知道更多。然後她開始打電話給我，尋求情感上的支持。幾次後，我知道自己必須設下界線。我對她說，我會在課堂上給她支持，但若有問題出現，她需要打給家人或諮商心理師。」儘管這名學生感到失望，但她尊重瑪格麗特的要求，不再打電話。

瑪格麗特最近跟雙親建立了另一道界線。「我準備回家鄉探望父母，我知道他們會像往常一樣，把我愛喝的那款酒放進冰箱冰一下。但我前陣子已經決定不喝酒，對我來說戒酒並不容易，所以我非常不希望下午到父母家時，他們遞一杯酒給我。過去我雖然試著節制，但最後還是喝了，因為我沒有要求父母別拿酒給我。這次我先打電話給他們，告訴他們不用再像平常那樣替我準備酒。這是我頭一回待在父母家時滴酒不沾。因為我立定決心，事先把我的界線說出來，每個人（包括我自己）都尊重這道界線，支持我這麼做。獲得這份自覺、自信和技巧，使我得以說出實情，並且建立界線，讓我各方面的生活都有極大改善。」

梅根說她最近跟兒子建立了界線。「現在他若開口要我帶他去哪裡，或者幫他做什麼事，我會先問自己是否方便現在做。要是不太方便，我會說晚一點再做，提出比較適合的時間。他有點嚇到，但還是接受了。我不再經常感到厭煩，也能夠完成自己想做的事。」

蘿拉正在練習設立界線，避免過度付出。「我媽問我可否幫忙替繼妹辦一場驚喜派對。我說我樂意提供場地，但不會準備食物和飲料，建議大家各自帶東西來一起吃。結果可以耶！我媽帶主菜，我爸帶冰淇淋，我哥帶飲料來。」

伊蓮不喜歡丈夫開車時對其他駕駛發怒，原來是她老公不喜歡自己開車時，伊蓮在車內講電話。他對她說，她在車內講電話讓他覺得自己像個司機；她利用這個機會設立界線，避免他在路上暴怒。於是兩人決定以後都由伊蓮負責開車，這樣她就不會講電話，他也不會對其他駕駛發脾氣。

以上例子我稱為「初級界線」，是用來練習你認為不致產生衝突，也不會引起太多焦慮，但先前沒有勇氣設立的這項界線。初級界線通常位於金字塔內的中上層：錦上添花或最好要有，而不是非常重要的那道界線。這類界線讓你有機會稍微舒展，試著運用你剛形成的「設立界線的肌肉」，而不必承擔高風險。

這個步驟的重點是：選定並且建立一道「初級界線」。沒錯，這是我第一次開口要求你實際設立界線！但不用擔心，我會全程陪在你身邊。本書進展到此，你已經做了很多準備工作，我保證沒有你想的那麼難。跨出這一步，創造由你自己設計的人生。現在開始吧！

多做幾次會變得很棒

建立一道簡單的初級界線，看起來沒什麼大不了，卻是真正的轉捩點。我發現這個步驟幫助許多客戶建立自信心，覺得更有自主權，哪怕只是設立一道微小的界線。我們越能放心地建立「初級界線」，很快便能建立起重要界線，亦即我們非常想、也有必要設立的界線，好讓自己健康愉快。

設立界線是不斷精進的作為。我們常常建立了界線（可能很微小），之後再建立一次，然後又一次。還記得本章開頭的鮑伯嗎？他必須再次和主管建立「休假日不工作」的界線。潔西卡也是一樣，她兒子老是希望她放下一切，馬上幫他。她第一次設下界線時，這種模式並未停止；但她有責任維持這道界線，一次次提醒兒子，即使這道界線相對簡單。

換句話說，你必須不斷重複微小的行為，經過一段時間後，方能建立界線。而且正如我某位客戶所說「多做幾次會變得很棒」，不光是指一開始建立界線，也包括一段時間後繼續維持界線。你可能開始覺得自己像壞掉的唱片，反覆說同樣的話（好比官方說法）。但在建立界線的過程中，花心力維持是不可或缺的一環。明白「多做幾次會變得很棒」的道理，就不會一直感到受挫了。

以設立初級界線來說，你只需要一套簡單的腳本。不論你打算說什麼，做的時候：（1）不必道歉；（2）不必捍衛你的選擇；（3）不必歸咎於任何人。把重點放在自己身上，措辭要簡短溫馨。

假設有個客戶每回找你都很急，希望你隨時有空幫她，只要說：「我以後至少要一個星期的時間，才有辦法替你完成工作」，就劃下一道簡單的界線。

又或者，你的伴侶總覺得你應該下廚，你可以這麼說：「我決定從現在起，每週只煮三頓晚餐，其他幾天可以出去吃，或者點餐在家吃，或由你來煮。」

什麼是自我界線？

對某些客戶來說，一開始就跟別人建立界線太過困難。所以我們一步一步來，先建立所謂的「自我界線」，至少方向是對的。你不是和別人設立界線，而是跟自己設立界線。

有多少次你踰越自身界線，對自己許下承諾卻未能實現？或許是沒遵守飲食規則，或者拖延到最後一刻才趕著完成某項作業。也許你告訴過自己要保留一些空檔，而非每天晚上排滿社交活動，或者向自己保證看球賽時只喝一杯啤酒，結果喝了三杯。我有些客戶在跟別人設立初級界線前，會先設立這類的自我界線，看看是否可行。

「我決定跟自己設下界線，不去批評我妹花錢買我不同意的東西，」潔西卡說，「我給自己一個規定，比如我們要是去逛百貨公司，我不准再對她選購的東西發表意見，因為這麼做總是讓我自己不舒服，也讓她抓狂。」潔西卡體認到她批評的言語侵犯到妹妹的界線，所以她設定自我界線，謹慎發表意見。

艾比與前夫一年前離異後，維持十分親近的關係。「既然我們都開始跟別人約會，顯然有必要給對方一些空間。」她說。「但是，要跟他維持那道界線真的很難。他是我的摯友，我發現自己很想找他說話，即使這麼做不太恰當。」她知道和前夫聯絡的這股衝動會持續出現，所以必須跟自己立下界線，即使她極想和他聯繫，也絕不主動找他。

蓋柏莉和丈夫（也是兒女的父親）之間出現狀況。他有個癮頭，有時因此傷害到兒女。「我慣用的做法是試圖控制局面。」她說，「我會設下界線，告訴自己別在他癮頭發作時照顧他，然後又打破界線。現在，每當我很想伸手幫他、照顧他時，就轉而對宇宙送出愛，想像成一個氣球，再放掉它，讓它飄走。是滿難的，但我知道這麼做對我最好，也對他最好。不論我送出的愛是否有用，至少我不會打破界線。」

蘿拉決定設的初級界線與他人無關。她不再過度賣力工作，而是視身體情況，決定花多少時間在科技工具上。「只要我覺得肩頸或手腕開始痠痛，或者眼睛覺得吃力，就知道該停下來。我可以晚一點再完成工作。」

雪倫反覆想著要跟前男友復合，這樣的念頭揮之不去，於是她建立界線。「當這種念頭又開始糾纏我，我就冥想，將思緒導回當下。」這個例子說明了人能夠設立心理上的界線，允許哪些念頭在腦中出現。就我個人來說，這也是一道困難的界線。猶記得露易絲・賀提醒過我，在我的大腦中，我是唯一的思考者，所以有力量轉換頻道，導向不同的想法。我這才明白自己以前的想法好比野馬，我只是隨意跳上馬鞍，並非有意識地做出抉擇。

露易絲提醒我，當我對自己的想法產生自覺，便可加以控制，於是我決定練習讓這些野馬般的念頭馳騁，向遠方跑去，而我留在原地，選擇另一個想法或念頭，讓自己變得快樂。當然，要達成這種境界需要練習，但主要還是在於自我界線，拿出力量做清醒的抉擇。

練習

準備建立你的初級界線

在這項練習中，你即將設立一道自我界線，之後再著手設立一道與他人有關的初級界線。在日誌或電子裝置上寫下你的答案。

第一部分：建立你的自我界線

1. 從我客戶的例子中汲取指引，決定你要跟自己設下什麼界線。也許是你對某人做出的行為，也許是你應該為自己做出不同的選擇。
2. 寫下你的界線。例如：我晚上七點後不再進食，或我只有在妹妹特意尋求我的意見時，才給她建議。

3. 每天拿出來讀一次，提醒自己維持界線，也可以把它貼在浴室的鏡子上。

4. 在日曆上標示，提醒自己一週後回來檢視自己是否有進步。若你沒能守住界線，別太自責。每次犯規時，只要將心力重新導回你想做出的抉擇，以維持界線。（當你發現守住自身的界線有多麼不易，便會對周遭的人有更多同情心，體諒他們有時候很難遵守你為彼此建立的界線。）

5. 若選擇一道心理上的界線，針對你要盡量多想或不准多想的念頭設立界線，你可能需要一樣東西隨時提醒你守住自我界線。你在步驟七選擇的定錨物可用來提醒自己，也可以調好手機上的計時器，每六十分鐘響一次，提醒自己約束這個念頭，回到此時此刻。隨時利用這些有助提醒的物品，直到習慣養成為止。

第二部分：和其他人建立界線

1. 回頭檢視你的界線金字塔，從「錦上添花」或「最好要有」這兩層，找出一至三道有可能性的界線。接著刪除或許會對你的家人或職場生活造成顯著負面效果的界線，進一步縮小範圍。請記住，初級界線應該幫助你稍微往外舒展，但不會造成嚴重焦慮。也就是說，建立界線的過程應該是相當順利的。

2. 選定一項初級界線，把它寫下來。
3. 接著，重溫步驟七列出的腳本，擬定你要說的話。把重心放在自己身上，避免下最後通牒。打個比方，你可能會說：「媽，我去你家吃晚餐，你明知我吃素，卻還是勸我吃肉，讓我不太舒服。如果你能夠尊重我的飲食習慣，準備某樣我可以吃的食物，我會很感激。否則下回去你家時，我會帶食物過去。」
4. 在鏡子前練習腳本，最好有界線夥伴在場。
5. 做好準備，你可能需要一次又一次地重述你的界線。只要用簡短直接的方式，反覆提出官方說法就好。
6. 想好你什麼時候要跟對方建立界線，然後照做。

著手建立中級界線

恭喜！你已經從初級界線班畢業了。現在我們要嘗試設立中級界線。這種界線光憑想像就比先前設的界線更具挑戰性，但並非金字塔上最嚇人的「非常重要的界線」。

儘管我的客戶們發現建立中級界線並沒有預期得那麼難，還是必須先做功課，準備好了才著手設立。大多數人試著建立更進一步、更耗費情緒的界線時，會經歷一段緊張期。

如果你一想到要設立中級界線就感到害怕，請記住：你可以（也必須）用適合自己的步調進行。只要確定自己每天都努力達成設立界線的目標，就算只是默想、寫日誌、和信任的朋友談論此事都可以。如此一來，你就不會一直停滯下去；別操之過急和毫無進展是不同的。只有你能夠准許自己建立此一界線，也只有你知道何時才是對的時機。

若有某道中級界線是你覺得最好要有，但目前不願意或還沒準備好著手建立，對自己坦白承認可能很有幫助。指出實情，寬宥自己是個凡人。至少現在你決定不去設那道界線，這樣也沒關係。本書步驟是設計成讓你了解情況、做足準備，最終有勇氣設立金字塔內的每一道界線——可能是下個月、明年，甚至五年以後。每個人只需按自己的步調進行。

話雖如此，有時你必須深吸一口氣，勇敢跳下去，才有辦法設立界線。透過行動，勇氣會逐漸增強；一旦你將那道界線說出口，就等於子彈上膛，蓄勢待發。你每設下一道界線，挺過界線的考驗，就增添一份勇氣。

而且請記住，你隨時都可以修正界線。你或許需要先檢測其中幾項界線，看看是否行得通。假設你告訴母親，晚間九點以後不再接電話，所以她白天打更多通電話給你，她嘗試用這種方式尊重你劃下的界線。但這麼多通電話仍然打亂你的生活節奏，難以完成該做的事，並且使你難受。你可能得告訴她，你有空聊天時才會接她的電話。然後你必須說到做到，有時讓她的電話轉到語音信箱。她大概不會改變行為，所以你必須設定並保護自身界線，以免無謂耗費時間，還搞得心神不寧。

你必須做出一項極其重大的轉變：有意識地建立界線，而非回到慣性狀態，按以往慣常熟悉的做法，任人踐踏界線。留意自己有無悄悄採用迴避手法：為了勸服自己不去建立對你有益的界線，你在心裡說過什麼話？你是不是用「要是……該怎麼辦」和最糟的情況來嚇自己？一旦你意識到自己在玩什麼把戲，便可阻止它們再次出現。你要學著採取清醒理性的態度做出抉擇，而非任由心智帶領情緒一路狂飆。

在你實際設立中級界線之前，我們先來討論可能出現的問題吧。

接受沒設立界線帶來的後果

倘若設立某道界線會帶來你不願見到或難以為繼的後果，該怎麼辦？比方說，你父親八十五歲，他的心理狀態始終不太正常，待人苛刻、非常難纏，有時很難相處。你曾經設法與他建立界線，像是說：「爸，你要是再說我有多糟，我就不來看你了。」但他若是不肯停止，該怎麼做？你真的打算不再探視年邁的父親嗎？未必。

依上述狀況來看，事實是：你父親活到這把歲數，大概是不會改了。你甚至可能憐憫他幼年時受到創傷，體恤他年事已高，沒有能力做出改變。你可以把他屏除在你的生活之外，也可以接受這份不快，在他最後的日子裡，與他共度時光。既然如此，不妨考慮設立自我界線。答應自己，要是他說話刻薄，你會離開現場，之後再回來。

看到那麼多人因為害怕孤獨，擔心會傷害其他人的感受，或者害怕衝突，寧可繼續忍受虐待，我就覺得心痛。不管怎樣，只有你自己能夠做出選擇，畢竟這是你的人生。如果某種情況或某段關係對你造成傷害，或者讓你不太快樂，你可以選擇建立界線，也可以選擇承受不設界線的後果（和好處），例如繼續和父母保持聯繫，即使他們很難相處。

當你明白選擇權握在自己手上，比較不會產生有毒的受害者心態。你或許仍舊對這種情況感到無力或憎恨，但不能再責怪其他人讓你有這些感受。你已經承認一件事：是否留在讓你覺得受困、擺脫不了或失控的處境，是你自己的決定。你具備極高的能動性，只是自己不知道而已。

所以不管你做出什麼選擇，都要從有自主權的立場出發，承認你是掌控大局的人。如果不設立界線對你最好，無須感到不好意思。只是要知道從現在起，若你覺得不舒服都是自己的責任，和他人無關。

平靜接受後果

儘管我才剛允許你不設立某些特定的界線，但我同時要陪著你建立一道你已經準備好設立的中級界線。

話雖如此，每一道界線都有某些後果。在你著手設立這道界線之前，最好先承認可能會出現某些後果，並且試著接受。我建議你針對要設的界線進行以下練習，擬出三張清單：

（1）最害怕的後果／最糟的情況；（2）若你沒設界線有何後果；（3）設立界線的好處。

（如果難以決定是否該冒這個風險，這項練習對你更有幫助。）

向對方開口說出這道界線前，先默想可能引起哪種情況，試著接受可能的後果。讀完另外兩份清單，鼓起勇氣之餘，也提醒自己願意冒險一試的原因。舉例來說，我的客戶艾薇有位鄰居喜歡在公寓大樓的走廊上抽菸，讓她感到困擾。菸味從門縫飄進來，她在家裡就會咳嗽。她忍耐多時，決定請這位鄰居別再這樣。她深知他脾氣古怪，所以必須接受跟他攤牌的後果。她想像得到他會心懷怨恨，用粗鄙的話罵人，散播對她不利的謠言，或者讓她在這棟公寓大樓的日子變得更不好過。她權衡好處和可能產生的代價，仍決定建立界線。為了準備攤牌，她先寫好腳本：「我不知道你是否明白，但每次你抽菸，菸味就飄進我家，使得我咳嗽。如果你不再在走廊上抽菸，我會很感激。」

鄰居的反應果然像艾薇害怕的那樣，他反過來嗆她：「我有權利在走道上抽菸，所以沒辦法配合。」

艾薇早料到對方可能這麼回答，也寫好了剩下的腳本。「事實上，你沒有權利在走廊上抽菸，因為本州法律規定不可以在公共區域吸菸。如果你繼續在這裡抽菸，我就要跟房東舉報你。」

這名鄰居用難聽的話罵她，氣沖沖地走回自己的住處。他之後遇到艾薇都態度冷淡、不太友善。但從那以後，他不在走廊上抽菸了。對艾薇來說，她在家裡和走廊上都能聞到乾淨的空氣，承受對方的敵意只是小小的代價而已。儘管設立這道界線不太愉快，她並不後悔。

「只要我朋友覺得不順她的意，就會生氣。」雪倫說。「我們以前老是鬧翻，然後決裂。過了一段時間以後，我們會和好，然後又鬧翻。我愛她，也知道我們之所以鬧翻，部分原因是我怕她失望，所以沒設界線。但我內心的憎恨不斷累積，最後我也發脾氣，反過來讓她生氣。我很喜歡跟她來往，我們現在又重歸於好了。不過這次，我更加意識到自己必須跟她劃下某些界線。因為我清楚說出自己的渴望和需求，我們這陣子相處得比較愉快，我不再因為害怕她的反應，刻意美化事實。她有時照樣生氣，但不會持續太久，因為我跟她解釋過那就是我的需求。」

上面提到了幾種中級界線，是否讓你產生共鳴？我希望有。因為在接下來的練習中，你就要選擇並建立一道中級界線，讓你某方面的人生變得更美好。

練習

選擇你的中級界線

在這項練習中，你將決定要設立哪一道中級界線。這是屬於最好要有的界線，比你稍早設立的那道界線難一些，但對你而言，不算是難度最高的界線。在日誌或電子裝置上，針對下列步驟逐一寫下答案。

1. 回頭看看你的界線金字塔，檢視一遍，找出中級界線。你自然會知道哪些屬於中級界線，感覺不算簡單、卻也不太難。我有非常多客戶是從金字塔的「最好要有」那一層，選出中級界線。本章列舉的例子中，若讓你想到原本不在金字塔上的新界線，就選那個新界線也無妨。

2. 一旦想好要建立的界線，就把**最害怕的後果**統統寫下來。若你設下這道界線，害怕發生什麼事？最糟的情況是什麼？是否可能失去任何珍視的事物？這道界線可能對你在意、深愛的人們，產生哪種負面影響？

3. 現在再擬一張表，寫下你沒設界線而長期承受的後果，以及假如你放任狀況繼續下去，日後可能得承受的後果。

4. 列出第三張表，這次寫出你建立界線後，會有什麼好處。你希望有哪種正面的結果？這項界線一旦建立，你所愛的人也還活得好好的，人生會是什麼樣子？

5. 是時候寫下你的腳本，加上你的官方說法。大部分情況下，中級界線與另一個人有關。若是如此，你首先得提出請求（A計畫）：確認對方是否願意尊重你打算設立的界線。提出請求時，請將重點放在自身的感受，而非怪罪某人。比方說，「你喝超過兩杯酒時，我覺得不太自在。從今天起，我們出門聚會時，你願意只喝兩杯就好嗎？」請注意，這個例子側重於你有何感受，而不是提出指控。若此人拒絕，或沒有明確答應，你可能要改用B計畫（你的官方說法）。

「下回你再喝超過兩杯酒，我就會叫 Uber，自己回家。」然後，你要有貫徹這句話的心理準備，想像自己走出餐廳或酒吧，打開 App 叫 Uber，獨自搭車回家。

6. 對著鏡子反覆練習你的腳本，直到記熟為止。如果可以，最好找個界線夥伴一起練習。

7. 選定設立界線的日期和時間，然後就去做！

我想先向你說聲恭喜，你已經有如此大的進展了，的確勇氣可嘉！大多數人終其一生都害怕建立界線。但我的朋友，你是界線達人！你已經鍛鍊了肌肉，準備迎向終極挑戰。沒錯，現在該挑個更困難、更重要的界線試試看，想像設好這道界線以後，人生會有多大的改善。我知道這件事令人害怕，但我也知道你做得到。我會陪著你設完界線。

請記住：多做幾次會變得很棒！

步驟9

建立非常重要的界線

瓦勒麗有道非常重要的基本底線，拖了很久還沒建立。她和前夫幾年前仳離，但仍然住在一起。他照樣辱罵她，經常貶低她，說她笨又沒用。她在他身邊老是心驚膽跳，因為他太容易情緒失控，就算只是買錯麥片也會引發他的怒火。

她想搬出去，但手頭不寬裕，很難找到合適的住所。最近她逐漸接受自己對前夫情感上的依附；她內心有一部分不想離開他，即使他經常罵她。

話雖如此，她已經設下一道基本底線：她要從所有無端謾罵的處境中脫身。同時，她開始物色其他房子，在這段期間，她需要找個住處，這樣如果他再罵人，她就有地方去，維持住界線。

瓦勒麗一想到設立基本底線後，可能產生自己最懼怕的後果，胃就一陣翻攪。「我會讓前夫生氣，也讓收留我暫住幾晚的人生氣。我將引發這些人的怒氣和負面反應，他們會不喜歡我，責罵我或訓斥我一頓，並招來更多辱罵。但我最怕自己落得無家可歸。」

但她一想到若不設界線，會發生什麼事，同樣心煩意亂。她依然要遭受前夫的批評和指控，而且長期的言語暴力已經讓她付出沉重的代價。她變得容易批評自己，情緒大受影響，尤其在他痛罵她一場之後更加嚴重，所以她老覺得鬱悶。她知道若不建立界線會進一步傷害自我感受。「既然我已開始重建曾被摧毀之處（情感和認知），就不能讓這種事發生。」她說，「除了建立界線，沒有別的選項了。」

她就像成語說的進退失據，其實我大多數客戶在準備好劃下界線前，都有過這種心理狀態。眼前這兩種選項（設界線或不設界線）不僅恐怖，也令人不安，她們必須選擇比較陌生的那個選項，因為它指向更好的未來。

這一步雖然艱難，瓦勒麗卻非做不可。（寫作本書時，她還在努力建立最終的界線：搬出去自己住。）

她想像一旦設下最重要的界線之後，人生會是什麼模樣，據此寫成了振奮的成果清單。

「我可以自由做自己。我會感到力量在體內湧現。我會感到來自精神的支持，還有其他新朋友的支持。我會更堅強。這道界線代表我會尊重自己，用有力量的方式邁向新的人生。」

在準備設立界線的過程中，她參考了步驟七的指導腳本，預先設想前夫可能會怎麼說。瓦勒麗寫道：「如果前夫跟我爭執，駁斥我的話語、感受或想法，我就說：『我不想再講下去。』然後走開。要是他追上來咆哮，我會去別的地方。如果他不斷哀求，要我別走，我會告訴他：『我沒空談這個。』然後我會打電話給某個朋友，請求去她那裡住一晚。」

伊蓮最近也覺得無法再忍下去。她讀大學的兒子和幾個朋友要去外地，途經家鄉小鎮，得找地方過夜。她慷慨表示可以回家住，邀請他們與全家人一起吃晚餐。「我兒子和朋友來到家裡，隨後去本地的鮮釀啤酒吧。我很久以前給他一張綁定我帳戶的信用卡，我告訴他回家時順道買中國菜當大家的晚餐，可以刷那張卡。」她說，「我八點時打給他，問他們在哪裡，他說大家不打算離開，我們可以自己吃晚餐。我有點生氣，但開始考慮晚餐要吃什麼。過了一會兒，我兒子傳簡訊問可不可以刷我的信用卡，替朋友們買餐車上的食物當晚餐。我原本是要他刷卡買食物回家，所以我覺得不行。他們若要在我家用餐，我好像有義務弄給他們吃，或幫他們訂餐；後來計畫改變，我就不認為應該要替他們付錢。但我並未設立界線，只是沒回簡訊。結果我兒子還是刷了信用卡替所有人買單，雖然我根本不想這麼做。我老是讓兒子踩過界，尤其是跟錢有關的事，所以對他來說，這種情況很正常。對我來說，則錯失了建立重要界線的機會，我一直避免付諸行動。」

伊蓮爽快承認自己一直用錢來收買成年兒子對她的愛。但伊蓮忍耐到了極限，她現在明白自己必須建立一道重要界線：她不會再資助能夠自食其力的人。她拖了很久，始終沒跟兒子建立這道界線，生怕兒子從此不和她聯絡、不再回家。但她也不希望兒子只是看在她資助的分上才回家，她希望他是因為想見媽媽才回家。

這項決定不光是為她帶來財務上的好處（帳戶裡的錢不會再流失），這道界線也對她兒子有益。「如果我不跟他建立界線，他不會知道或實際體察到自己很有能力。他會繼續仰賴別人幫助他脫困。他以前和他爸的相處模式就是這樣。」伊蓮說。

她按照本章介紹的方法做好準備，然後深呼吸、鼓足勇氣告訴兒子，他不能再用綁定她帳戶的信用卡。「我告訴兒子，我相信二十四歲的他一定能夠養活自己。」她說，「我要他如果有需要幫忙的地方不妨直說，我也會坦白回答能否提供協助。」她兒子似乎滿能接受這個消息，但伊蓮知道自己必須保持堅定，才能夠守住界線。

以伊蓮和瓦勒麗的例子來說，設立重要界線似乎很可怕。瓦勒麗害怕失去居所，伊蓮害怕失去兒子，這是真實的恐懼，而這種恐懼讓她們長期處於痛苦的處境，好不容易才準備好設立界線。

步驟九會帶領你經歷一個三段式的過程，以著手建立最重要的界線。想像自己採取下一個步驟時，你可能會和伊蓮、瓦勒麗一樣覺得心驚膽跳。若真如此，也很平常。如果你按部就班地做完本書的練習，我敢說你就快準備好了。

妥協和通力合作

在你進行這道三段式過程之前，先簡單談談關於界線的談判、妥協與通力合作。

有些界線絲毫沒有談判的餘地。以瓦勒麗為例，任何辱罵都不能接受，絕無談判或妥協的空間。但有些時候，你可能願意在因恐懼而默許（共依存）和不計代價一意孤行之間找到平衡點。你必須確定自己能夠接受自身界線的規則。

蘿拉和母親設下了最重要的界線。「我以前會開長途車，陪母親去探望哥哥一家人，共度感恩節。我哥每天喝很多酒，那幾次去看他，他對我們極不尊重。」她說，「幾年前某次，他實在太惡劣，於是我發誓不再陪我媽一起去。但隔年我讓步了，不是為了我哥，我只是覺得媽媽太可憐。不過今年我想通了，她要是想跟我哥維持功能失調的關係，那是她的選擇。所以我們彼此商議，我答應跟她一起去，但不住在我哥家，而是住旅館。哥哥的孩子們過來看我們，我們也拜訪了其他親戚。我們只有在開車送孩子們回家時稍作逗留，說一聲再見就走。我媽已經開口要求我再一起去探訪哥哥，但我告訴她，只有像上次那樣待在旅館，才會跟她一起去。我不想寬恕他的行徑，或假裝一切都很好，做給其他家人看。如果我失去自我尊重，就不能接受自己，對我來說代價太大了。」

有很長一段時間，在家工作是我不容商量的基本底線。然而，亞倫和我搬進新家後，他也有一道不容商量的基本底線：別在家工作，他希望家是和工作分開的獨立空間。那我們該如何化解分歧？我們陷入僵局，而且摩擦越演越烈，情況難以為繼。其中一方得做出抉擇，所以我決定談判。我們共同想出一個計畫：在外共享一間辦公室。最初我非常排斥這麼做，但逐漸愛上這樣的安排。這間辦公室離家近，走兩個街區就到，我得以輕鬆切換工作和家庭時光。

我那時才明白，自己長期以來堅持在家工作是因為恐懼，也是習慣使然。但我發現人有時要懂得變通，做出不同的抉擇，假如這項新選擇對兩人都比較好，或有助於實現另一種渴望。就這個情況而言，重新思考我的界線，讓我能夠表現出對這段感情的尊重，也可以協力處理雙方的工作情形。由於這種合作方式，我意外發現自己更喜歡在辦公室裡工作！

請注意我是用協力（collaboration）而非妥協（compromise），這兩個字有很重要的差異。對我來說，妥協表示其中一方或雙方放棄渴望與需求，以維持和諧，隱含犧牲之意。而犧牲往往伴隨著怨恨。另一方面，協力在我看來表示兩人都有「提升」。例如，你可能會說：「我拒絕這種做法，但我們一起看看有什麼做法會讓雙方都同意。」在許多情況下，可以有兩全其美的安排，並非只能二擇一。換句話說，你能夠同時展現對自己和他人的尊重。

有一點要記住：如同生活中其他事物，界線可能會改變。保持彈性滿有用的，當然，問題在於許多人老是太有彈性，不惜犧牲自己來迎合每個人的需求。所以，在你思考與他人協力合作前，先想清楚你絕對不能忍受什麼（事物或情況），盡全力守住這些界線，即使你仍在探索嘗試新選項。

練習

選擇你的重要界線

在這項練習中，你將選擇某項重要界線，在三段式過程中建立起這道界線。在日誌或電子裝置上，把以下兩個問題的答案寫下來。

1. 將你的重要界線審視一遍，選出一個你想先設立的界線。哪一道界線對你來說最重要，或者你已經準備好要處理？
2. 檢視步驟七列出的指南，針對這項界線寫下你的腳本和官方說法，但先別設立界線！

拿出活力建立你的重要界線

我要進行離婚調解的那個早上，我的朋友瑪麗安娜・威廉森（Marianne Williamson，暢銷書作家暨靈性導師）好心打電話來關切狀況。她引導我描摹願景：我的「高我」與前夫的「高我」攜手和解，為這個極易激動的場面預做準備。儘管這場調解是我人生中相當痛苦的經歷，結果也不盡如人意，我在整個過程中感到「高我」的願景支持著自己。

有十幾個人告訴我曾用「描摹願景」的方式，在極可能不利的情況中，創造出比較正面的結果。數年前，有個朋友和機動車輛管理處鬧得相當不愉快，必須再找一天去完成交易。由於上一次的經驗，她實在不想再去。所以她勾勒願景，想像大家親切對待她。當她到了那裡，感覺像是另一個地方，大家對她都很親切，於是她快速地辦妥事情離開。她要去找某個不太友善的醫師看診時，也用了同樣的策略，先描摹正面積極的氛圍，就會變成那樣。

或許你已經注意到我是偏行動派的教練，鮮少要學員在蒼穹天空底下進行練習。但是，有許多的證據顯示，描摹願景的練習會對現實世界發生的事產生具體影響。在數項研究中，某一組描摹效能高的願景，另一組則沒有，結果有願景的那一組表現較佳。頂尖運動員經常預想自己能順利發揮實力。

澳洲心理學家亞倫・理查森（Alan Richardson）曾主持一項知名的研究，將籃球員分成三組，測試他們的罰球命中率。第一組每天實際練球二十分鐘，第二組僅勾勒罰球命中的願景，完全沒練習。第三組既無練習也沒有預想願景。預想願景的那組幾乎與有練習的那組進步得一樣多，而兩件事都沒做的那組則毫無進步。

布萊恩・克拉克（Brian Clark）是俄亥俄大學的生理學和神經科學系教授，他執行了另一項研究，徵求二十九名志願者在術後的手腕上石膏一個月。有一半的人每週五天預想自己鍛鍊手腕十一分鐘，他們只是在內心假裝有伸展肌肉而已。結果取下石膏後，有描摹願景的那組人肌肉更強健，達兩倍之多。

已故的偉恩・戴爾和露易絲・賀都是我的摯友，他們都肯定勾勒願景的成效。兩人透過書籍和口頭發表，建議大家勾勒願景，預想自己有完全不同的經驗，享受自己想要的結果。許多客戶經我鼓勵，遵照建議去做，皆成功達到目的。例如芮妮便設下界線，拒絕再資助索討無度的子女。我請她預想子女尊重和順從她，而芮妮得到了這種對待。「在我描摹的願景中，子女都感受到我是為他們著想，也感激我願意用堅定的立場支持他們，也支持我自己。

在這個過程中，我為子女立下好榜樣，顧及我們每個人的需要。」她說。勾勒願景也讓她有說不的力量，深信這麼做不致讓自己變成壞母親或不討人喜歡。

我明白你可能不太相信勾勒願景的效果。儘管相關研究正在增加，西方文化仍不太願意相信非物質性的改變有其可能。但我想問你一個問題：試試看有什麼損失？設想你用來設立界線的方法全都正確有效，當然比設想在過程中可能出錯要愉快得多。何況我們連後者都替你想到了，已經請你列出最害怕的後果，揭露你內心的恐懼，將它們攤在陽光下。不斷想著各種負面後果，無補於事。另一方面，多想想每一種振奮愉快的成果，想像情況好轉，比你原本期望的結果更好，會幫助你鼓起勇氣，在情緒上準備好建立界線。

我相信你已經體驗到，抱著壞事會發生的心態進入某種情況，幾乎不可能成功。我要讓你親自體驗描摹正面願景，是否有助於實現一心盼望的結果，而且肯定不會有壞處。所以為什麼不試試看，就算只抱著研究心態又何妨？

練習

預想你的界線，確立你的意圖

在這項練習中，你要將上次練習所選擇的某項重要界線付諸實現，來預想有好結果的願景。接著，你會打造一套儀式，確立對此界線的意圖。至於冥想，請務必關掉手機、電話，才能全心全意地進行。穿上寬鬆的衣物，坐在舒適的椅子或沙發上。若你想播放輕音樂或點蠟燭也可以。你可以讀出以下步驟，錄成音檔，這樣就不必張開眼睛，對冥想狀態造成干擾。錄製時，可以選擇跳過本段落。

第一部分：默想你最重要的界線

1. 閉上雙眼，做幾次深呼吸。全身各部位都要放鬆，先從雙腳開始。接著緩緩上

移到雙腿、臀部、肚腹、胸、背、雙臂、脖頸、頭部，直至完全放鬆為止。放鬆時別太用力，只要告訴你的身體放鬆就好。繼續往下做，身體會逐漸放鬆。

2. 你準備要開始了，眼睛還是閉著，想像或感受你正要設立最重要的界線。你可能正開車去見對方，也可能打開大門，看著他們走進來；或拿起電話，在通訊錄中找到他們的名字；或者坐在電腦前寫電子郵件。不論在做什麼，你只要感受一股強大的內在動力，亟欲設下這道界線。你值得有這道界線，它很重要，因為你的需求很重要。你有信心一切都會順利，而且願意想像這次互動比你預料的還順利。

3. 現在，在腦海中想像你正在設立這道界線，用你已經寫好的腳本。接著，專心想著你最希望得到的回覆，想像你聽見對方這麼回答；要確定你得到最棒的回答，不只是還不錯而已。他們可能說什麼？對於你的需求和渴望，他們會如何表達全然支持？你覺得如釋重負——由於這道界線，你再也不用承受衝突。如今你已經把這道界線說出口，一切都好好的，你覺得呼吸變得緩慢穩定。感受你的自信和自愛有所提升，因為你充分善待自己。

4. 現在，想像一個月後的自己，這道界線無須花力氣維護。想像自己和對方相處的情況，彼此之間的能量既清澈、溫柔又和諧。用這種方式感受你的界線，是什麼感覺？

5. 現在是兩年後，這段期間內界線維持得很好。當初促使你設下界線的難受經驗是久遠的記憶，這份振奮的成果清單已經是你日常生活的寫照。你幾乎沒再想起設下界線前的生活是什麼樣子。感受一下此事已經塵埃落定，眼前的情景是怎樣？如今界線已經設妥，你經常有哪些積極正向的體驗？

6. 等你覺得可以了，扭扭腳趾，轉動頭部，慢慢回到完全醒覺的狀態，然後張開眼睛。

7. 若你想要在設立界線前更具信心，在腦海中多默想幾遍，直到滿懷信心為止。

第二部分：確立你的意圖

1. 現在要確立意圖，加一把勁創造出你剛才默想的現實。首先選擇一種小儀式當作定錨，深刻確立這份意圖。或許你想點蠟燭、做願景板（具體寫出憧憬的未來）、在大自然中散步、向水晶球求助、在日誌上記錄意圖，或者禱告。

2. 接著，用下列模式確立意圖：把意圖寫下來，對自己默念七遍，讓它在內心定錨。例如，你的意圖可能是「我和＿＿＿＿（某人的名字）建立界線，請對方尊重我的真實想法，享受自在與自由。」或「我和＿＿＿＿建立界線，不再容忍難以接受的情況。」藉由確立意圖，你提醒自己和這個宇宙：你準備好設立界線了。

安排整個流程

在設立最重要界線的過程中，下一步是處理「說出自身界線」的流程事宜。你打算選在何時何地？你是否在等待某個特別時刻？若是如此，你是否有個非等待不可的好理由？你確定嗎？儘管我建議你在與對方討論建立界線之前，要照腳本多練習幾遍，但一味等待恰當時機很可能變成滑坡謬誤，最後根本沒設成界線。

我也希望你考慮在哪裡設立界線，是當面講、打電話、傳電子郵件或簡訊？逐一考慮各個選項，選出最有可能達成美滿結果的做法。若你擔心當面談可能引發難以處理的爭執，甚至暴力，請務必用電話或書面文字表達。

若你已經做完其他練習，現在手邊會有腳本和官方說法。把腳本記熟，讓自己有充分的信心維持堅定信念，然後找界線夥伴多練習幾遍。

找人一起練習很有幫助，可以請求夥伴角色扮演，模擬對方做出你最害怕的反應，會更有幫助。如此一來，就有機會面對相反的立場，試試腳本是否管用。你想像對方在最佳情況下做出的反應，也請夥伴預演一次，這同樣有幫助，會讓你倍感積極正向，覺得有可能得到自己想要的一切。

我知道要練習這麼多次聽起來很蠢，但你是在努力克服自身的生理限制。一旦風險過高，人的情緒會超出負荷，讓我們從思慮清晰、具有理智的人變成……唔，相反的那種人。你原本可以清楚說出自己的官方說法，我不希望你錯失機會。我也想確定你牢牢記住它，這樣對方就沒辦法讓你偏離主題或喪失立場。（若對方向來愛操縱人，這一招尤其管用。）如果你能夠倒背如流，會大幅提升成功的機會。在淋浴時、開車上班的路上或任何地方，抓緊時機練習，就好像排練百老匯首演那般慎重。

不過，要是你已經練習了兩週，仍然害怕設下界線，或許只能大口深呼吸，直接做吧。別練習太久，拖到最後沒做成。

請記住你的界線夥伴也要負起責任，請他（她）督促你設立界線，實現你許下的承諾，而且務必選定日期，敲定地點、場合。你的夥伴不一定是嚴格的工頭，但最好是不准你逃避手邊工作太久的那種人。請夥伴密切觀察你是否有變卦的跡象，並視情況給你溫柔的鼓勵。

事先安排好，設立界線前十五分鐘打電話給夥伴，設完以後也要立刻與夥伴聯絡，報告整個過程。在你展開建立界線的談話時，你的夥伴要在旁支援，提醒你莫忘初衷。有個關心你的人在背後支持，會帶給你力量，別低估這股力量。即使你的夥伴看起來沒幫上很多忙，光是道義上的支持便可能讓你成功，而非無限期的拖延。

練習

重新檢視「最害怕的後果清單」和「振奮的成果清單」

在這項練習中，你要把設立重要界線可能發生令人害怕的後果，以及愉快的成果統統寫下來。

1. 在紙上寫下設立這個界線，你最害怕的後果清單，或者在電腦上打字並列印出來。你需要這張紙以進行本練習。快速寫下清單，只是為了再拿出來。這次將每個最害怕的後果看成一種恐懼，記住恐懼只是「看似真實的虛假證據」。舉例來說，「我擔心他再也不想見我」、「我擔心會失去工作」或「我擔心家人會說我自私、殘酷」。

2. 等你寫完所有想得到的後果，把這張紙放進碎紙機或燒掉，或者撕成碎片後扔棄。這不是事實，而且不是你樂見的人生願景。

3. 在日誌或電子裝置上，將令你振奮愉快的成果都列出來。一旦設下這道界線，你的人生會有什麼改善？當你忍受設立界線的不快，這些美好事物在另一頭等著你！

4. 從現在到你設立界線的那一天，你不僅要熟讀記誦腳本，這份振奮的成果清單也要天天讀。它會帶給你所需的勇氣和力量，直到任務完成為止。

設下你的界線，然後好好維持！

此刻你一定有些害怕，畢竟你正在努力對付一道真正重要的界線。會害怕是自然、正常的，也在意料之中。即使你做足了準備，也未必覺得設這道界線很容易，但你可以依賴背熟的腳本、振奮的成果清單和界線夥伴。當你和對方展開建立界線的對話時，一定要用步驟七提到的定錨物，迎接正向結果。

等你設完界線，無論談得如何（就算忘記腳本，最終變成爭吵），都要和界線夥伴慶祝一番。你辦到了！或許你覺得做得不夠好，但至少有進展。你很勇敢，往前邁進一大步，非常好！請記住這是你的功勞，值得讚美。

你花了些時間慶祝自己所做的努力，現在回來面對現實：你可能得再設一次界線。然後又一次。在最好的情況下，對方親切應允你的請求，會認真努力地一起維護這道界線。若是如此，你根本不必維護界線，設完以後就把它忘掉。就算最佳情況沒有出現，你以後得反覆強調這道界線，但談過以後，你的情況還是有改善。振作一點，反正多設幾次就習慣了。

不妨將維持困難的界線想成持續進行的表演，但絕對值回票價。

寶拉設法處理與前夫羅伯特、八歲兒子保羅之間的棘手情況。保羅每兩週的週末會住他爸爸家，就在保羅過去住的某個週末，警察半夜現身，要找羅伯特的其中一名繼子談話。

「我要前夫明白，除非我百分之百確定他家安全，否則保羅不能再過去。」寶拉說，「我很少對前夫說這麼狠的話，也極少做得這麼絕。我希望他能見到兒子，也讓兒子見他。」

羅伯特為此生氣，回道：「要是我不能在自己家裡見他，那我就不想見他了。」

寶拉並未讓步，而是守住界線。「我很遺憾你有這種感受。要是你改變主意，請告訴我，我們可以找出彼此都同意的地點讓你見他。」

兩週後，她前夫打電話來約時間，要找個安全的地點與兒子見面。半年後，他說：「我們的兒子幸好有你這麼好的媽媽。我之前不知道家裡竟然有槍。」兩個人都哭了，並擁抱彼此。羅伯特的繼子已經入獄，所以保羅可以像以前那樣去爸爸家看望他。

蘿拉跟家族親戚之間有維持界線的問題。由於和姑姑、姑丈之間經常出現摩擦，蘿拉幾乎沒跟父親那邊的親人來往。「我三年前對自己起誓，但凡會碰見他們的聚會都不再參加。」她說。「我必須非常注意，也要具備無畏的勇氣，但我目前這麼做，覺得很棒。我父母幾度提到祖父母的健康日益衰退，說我應當趁他們還健在時去看他們，即使祖父母都得了失智症，根本認不出我。然而，我不打算為了見祖父母，讓自己遭受姑姑、姑丈言詞上的攻擊，影響我的情緒。我父母不完全了解我的推論，但逐漸接受我的立場，不再刻意用罪惡感來操控我，因為根本沒用。我堅守自身的界線。」

金姆和子女設下界限，爽快地承認保持界限至今還是很難。「我的界線是：再也不願意接受無禮、粗魯或惡劣的行為，包括他們說話的語調。」她說，「結果引起各種情緒。界線本身相當微妙，小孩一再反彈，考驗我的底限，比起設下界線之前，他們現在給我更多臉色看。我說過好幾遍，還得改用不同的方式表達，同時壓抑怒氣和悲傷，盡量保持語調平和。我一定要說到做到，非常累人。」我昨天跟十一歲的孩子說：「你非常了解我期待什麼，現在我讓你選擇。如果你決定和我培養好關係，我就在這裡。如果你態度很差、沒禮貌，我會走開。現在由你決定，然後我走開了。對身為母親的我而言，這麼做在很多方面都挑戰著我，非常辛苦，但我知道這對我很重要，也是為了孩子們好。」

現實狀況是：你得花時間滋養、經營界線，可能是幾週、幾個月，甚至幾年。每當你需要維護界線時，就搬出官方說法。記住，這是你的人生；其他人不必對它負責，也沒人有權指示你什麼才是對的。接下來的練習會幫助你維持界線。

練習

忠於自己的工作表

這項練習會幫助你鍛鍊「保持已設立的界線」的肌肉，拿張紙寫下界線名稱。

1. 在一張紙的最上方寫出這道最重要界線的官方說法。
2. 畫一個表格，分別有兩個欄位，至少畫出十列。在上方欄位寫「如果對方說或做X……」，在下方欄位寫「我會說或做Y……」。

如果對方說或做X……	**我會說或做Y……**
如果對方提高音量……	我會說：「我不跟你爭論。我已經清楚說出我的心願。下次你再批評我的外表，我會直接走人。」

如果對方說他完全是為我好……	我會說：「你有什麼意圖不重要。下次你再批評我的外表，我會直接走人。」

3. 在自創的表格中，把你覺得對方聽到你的界線後，可能提出的反對意見都寫下來，附上你會說或做的回應。檢視步驟七的界線用語指南，同時繼續祭出官方說法，這樣可以幫助你守護自身界線，不致放棄。
4. 重複上面的步驟，直到你再也想不出對方近日內，可能還會提出哪種反對意見或出奇招。這些答案能夠幫助你謹守界線。千萬別變卦！

希望你完成了。你已經設下一道困難的界線，也沒有少塊肉。如果還沒有完成，你已經打算設下界線。只要記住一件事：就算界線引發某種外在的衝突，卻是在解決內在衝突。恭喜你很有勇氣！在下一個步驟中，你將搖身一變成為界線達人，就要展開新人生。

請記住：想像各種設立界線的方式，全都成功了！

步驟10

反覆做，直到身心自由

柔伊比較敢拒絕客戶了。以前客戶臨時提出要求，就算她不方便，也會盡量配合對方。現在，她按自己的時間為客戶排定時程表。她需要克服害怕客戶不高興，或不再找她合作的恐懼。此外，她還得防備自己想補償客戶的心態，導致之後付出更多。她變得越來越好，即使是前進兩步、倒退一步，她持續朝成為界線達人的目標前進。

甘蒂絲最近跟另一家公司的某人有職務上的接觸，對方企圖騷擾、霸凌，她剛掌握了一些建立界線的技巧，正好派上用場。「以前我可能任由這種情況繼續，但這次我擬了一封信給那傢伙的執行長，列出事實，說我不願意再跟此人合作。雖然我不希望有衝突，但那樣就踰越了我極其努力要建立的重大界線。」她說。

黛博拉設下界線後，有了意想不到的結果。有個客戶說她索價太高，試著想讓她心生愧疚，打個折扣。「那是她的說詞，不是我的。」黛博拉說。「我對得起自己的價碼。」她冒著失去這名客戶的風險，拒絕調降費率，馬上有另一家公司主動找上門，願意付費贊助她。「對方詢問價格，我提出自己想要的價碼，他們立刻說好。」黛博拉說她因此更加看重自己。

蒂娜在公司裡做兩項工作，壓力大到她打算辭職。她跟公司交涉，談妥新的時程表，讓她每週一天在家工作，完成這兩項工作。「能夠向主管提出我的需求，讓他知道我有辦法安排好工作，同時達到公司的要求，讓我覺得有自主權。」她說。

伊蓮前陣子跟八十三歲的母親設下界線。「她渴望與人相處，但很難跟同輩建立親近的關係。她只想隨時和我在一起。」伊蓮說。「我曉得她孤單，所以就算不情願，也會排出時間給她。最後我們兩人都感到怨恨，覺得自己是受害者。她非常擔心自己變成負擔，有何需求都不肯明說。然後，我若是沒做到她默默盼望的事情，她就覺得我在針對她。所以我拜託她，想要我何時陪伴就直接說。若她直接提出需求，我就不必擔心她的情況，必要時也可以婉拒。這種改變讓我感到舒暢，母女關係也變好了！」

卡拉也不知道該如何應付母親的負面情緒，母親聊天時常以受害者自居，又愛批判別人。「通常聽她說一陣子，我就受不了，然後厲聲地說她這樣論斷人不對。最後我們陷入爭吵，有時我乾脆不說話。」

所以卡拉嘗試用新策略，或許稱不上界線，只是調整方向。「我告訴她換個主題吧，我們可以聊某個新話題。」如今兩人能夠繼續聊天，維持好心情。她頭一回用這招時，才驚覺去探望母親竟然這麼愉快。

瓦勒麗發現只要設過一次界線，第二次就變得容易；有必要的話，可以多設幾次。「我訝異地發現那些話能從舌尖輕鬆吐出來，因為我的內在非常明晰。我以前就知道應該設立界線，現在我更明白自己能夠採取某種行動。當我採取行動，就會有股解脫感，即使結果不如預期。光是說出內心的真實想法，便足夠讓我踏出下一步，不管是建立另一道界線或維持既有界線。」

史蒂芬妮也發現自己建立界線的能力有所增長。「『舊我』會無視於自己過度犧牲的事實，竭力維持和平，或者當別人口中的『好媽媽』或『隨和』的人。但『新我』逐漸發現自己可以和不舒服共處，讓內在批評的聲音平息，同時維持界線。」

潔西卡對自身個性也有類似的發現。「我發現自己過去習慣以乖女孩的一面示人，不具威脅性。而且一直誤以為無害的好人是不設界線、怯於表達意見，但我內心沉睡的巨龍確實已經甦醒，我打算好好整頓人生。」

蒂娜逐漸意識到為自己空出時間，並沒有奪走別人什麼。事實上，由於多給自己一些時間，她現在和別人相處時更能夠全心陪伴，而非滿心怨恨。「目前我覺得最難的一點，在於要不斷檢視內心，為自己騰出空間，即使這表示我有時沒空協助那些依賴我的人。」她說，「我還是很怕給人添麻煩或造成負擔，或者占用別人的時間，但建立界線是我的真實想望、是清楚的內在，也是我對自己的允諾。」

學會建立界線也讓寶拉歷經巨大改變。「我從沒想過有一天會覺得界線滿有趣。」她說，「建立界線的心情從懼怕變成興奮，我覺得如釋重負。」

我的前一本書《跳離現狀，讓生命更生動！》（*Jump...And Your Life Will Appear*）的最後一章叫做「對某事說好……然後再說一次，又一次」，本章則比較像「勇敢說不……然後再說一次，又一次」。成為界線達人的唯一方式（基本上就是妥善照顧自己，按自己的選擇過人生），是重複建立界線的過程，直到先前困擾你、讓你不敢設界線的問題都消失無蹤。所以最後一個步驟很簡單：反覆做，直到身心自由。

界線該設就設，不要拖！

我的客戶鮑伯發現只要別拖延，馬上設界線，就不用設想最壞狀況，在腦海中反覆想著「要是……該怎麼辦」。「我省下幾小時空想的時間，只要花幾秒鐘跟對方談就行了。」他說。而且預期最壞的狀況，很容易加深我們對於設立界線的恐懼。

真相是：一旦知道自己有哪些界線，你根本毋須有意識地建立界線。界線變成你意識流動的一部分，你開始懂得做出能夠自動維持界線的抉擇，以此安排生活。

該如何達成這一切？有許多不著痕跡的做法。一旦你建立起某些界線，展現出維持界線的決心，周遭的人會開始期待你這麼做（一如他們以往預期你不設界線），從此他們提出請求或做決定時，便會將你的界線列入考慮。舉例來說，若你不再像過去那樣優先照顧他人，周遭的人想要滿足需求時會去別處求助。一旦你對客戶提出底限，就形同有了明文規範。老客戶大概需要一段時間調適，而新客戶不曉得其間的差異。你設下界線後，某些友誼可能因此變淡，但你的需求會在新展開的關係中成形。

一旦你的言行舉止皆依循自身的界線，自我尊重的人生便會浮現。你不像以前那樣經常與別人談判，因為你的抉擇自然而然地產生你想要的經驗，而你不樂見的情況變少了。

這種逆轉始於注意力。**除非你知道自己想要什麼，否則無法基於自身的想望創造人生！**本書以循序漸進的方式，帶領你更加注意自身的需求。這份注意力隨時間過去益發深化，最後你對於必須「說不」的情況變得超級敏銳——你的身體感受到抗拒。只要稍微有點越界就會讓你不舒服，讓內心的警鈴大作。以往你會設法讓情緒麻木，壓抑想要啐一口的真實反應；但現在你樂於將這些感受當成內心的羅盤，帶領你前往更加稱心滿意的方向。

還沒走到那一步嗎？別擔心，建立界線需要勤加練習，你會有進展的。請記住「多做幾次會變得很棒」，首先留意自己在何時何地默許別人踐踏你的界線，此時你的身體有什麼感覺。例如，你不加思索讓別人代你選擇要看的電影，先緩一緩，想像一下你人生中珍貴的兩小時，拿來看一部不怎麼想看的電影，會是什麼情況？你的身體有何感覺？如果你想說「不」的感受很強烈，不妨變更計畫，選一部兩人都愛看的電影。

繼續注意身體出現的感覺，畢竟你的身體猶如靈敏的氣壓計，當你因害怕衝突，寧可違心屈就時，身體會告訴你該設立界線了。收銀員是否多收你的錢？某人是否問了涉及隱私的問題？有同事把不屬於你職責的工作丟給你嗎？若你覺得界線被侵犯，試著說出來！同時也要練習多注意自己是否經常違背心意，答應別人的請託。我們為了自由地說「好」，必須明白並發現想說「不」的情況。當我們透過說不，創造出有益的界線，就是在支持自己；我們在對更多自由說「好」。

你周遭一定有懂得設立界線的人，觀察他或她的言行舉止，並加以仿效。你以前可能替他們貼上「自私」的標籤，現在是否有了不同的看法？你明白他們只是滿足自身的需求嗎？同時注意其他人在何種情況下，沒能設下有益的界線。你會發現我們在書上、電影或電視節目裡見到的許多衝突或笑點，都源自於某一方不願建立界線。這些故事裡的人原本可以用什麼不同的方式因應情況？一旦你知道他們能夠用哪種方式建立更有效的界線，你也會變得善於建立界線。

若你仍排斥直接說出自身的底限，多體諒自己一些。你可能多年來只顧著滿足別人的欲望，忽略自己的渴望，當然需要一段時間學習，這是你的學習曲線。而談到界線，學習曲線往往包含罪惡感和恐懼。請記住，若你設界線時覺得有罪惡感，表示你以前從未用這種方式為自己發聲。這是好消息！罪惡感會隨著時間而消退。

盡可能有意識地做出抉擇

現在你已經明白無論是否設下界線，你是清醒地做出選擇，而非在麻木或害怕的狀態下這麼做。你真正了解到，一直以來是自己越過了界線，若要繼續越界也是自己的選擇。

為了開啟有各種選擇的世界，我們必須顛覆長年慣用的模式，因為舊模式是基於過往經驗而運作，限制了眼界，使我們看不到其他選項。即使我們不曉得下一步將通往何處，仍必須願意勇敢地邁步向前。此外，我們必須清除潛在的承諾和逃避的策略，擺脫長年依賴的惡習。例如，你和某人正在共度愜意時光，滿心不願在這種時候打斷它，並設下界線。什麼？讓這段關係陷入衝突？我們正在海灘上度假耶！事實是：設立界線沒有所謂對的時機；我們苦等對的時機，只是讓自己不便而已。

蓋柏莉有過慘痛的教訓。「有次我先生把我壓在臥室門上，雙手箍住我的脖子，說你知道我要捏死你有多容易嗎？」她說。「那晚我帶著女兒去朋友家住，隔天我回去了。我想到這一類的事發生過許多次就覺得悲哀，甚至在我們結婚前，學校的駐警就來問我是否還好，告訴我不必獨自處理這種事。我的上臂有被掐的瘀傷，有時連頭部也有傷。但我先生會找可以遮蓋的部位下手，比如說頭頂。」

「有時他沒拿捏好，我會替他找藉口。有次他推我的頭去撞門，我不得不去醫院治療下巴的傷，縫了好幾針。我告訴大家是自己滑倒，撞到咖啡桌。我怕別人發現真相，太丟臉了。我愛他對生命充滿熱情，但痛恨他自私陰暗的一面。我抓住這些美好的特質不放，希望會壓過壞的那一面。我一次又一次向自己保證：我一定要捍衛自己、要說點什麼，以及要離開他。但一直找不到好時機，總有某件事讓我覺得時機不太對。我花了三十年建立微弱無效的界線，而且我不光是越界，還讓界限瓦解了。」

另一個常見的壞習慣是喪失感受、變得麻木。這會讓我們即使身處於痛苦當中，也照樣踰越自身的界線。同時，我們很難察覺到喜悅，也不確定自己想要什麼，如此一來，就更難設下界線。對許多人來說，這已經變成一種生存方式，既可避免了解自己想要什麼，也能避免設立界線來獲得自己想要的事物。

作家格倫農·杜爾尼（Glennon Doyle）提到她覺得心情糟糕時，會先出門購物，吃進大量碳水化合物，連續看好幾集嬌妻系列（*The Real Housewives*）的實境秀節目，品嘗充滿罪惡感的愉悅。做過一輪後，她會提醒自己要有意識地面對感受。每個人或多或少都做過這種事，試圖避免不舒服的感受。但為了照顧自己、愛自己，並且成為界線達人，讓情緒浮現是重要的一環。

所以，看看你常用哪些逃避的策略來紓解情緒吧。你會和朋友聊天、運動、散個步、逛社群網站，或者拿出手機玩遊戲？這些事本身並沒有錯，然而，一旦明白這是屬於你的迴避策略，就能夠早些停止，讓你的情緒浮上表面。在整個過程中，你先感受到情緒；你要願意感受悲傷（有時對自己說：悲傷是這種感覺或憤怒是這種感覺，可能有幫助）。接著你可能想將這些情緒寫進日誌或信件中，晚點再決定要不要寄出。最後你可能打算向某人傾吐，無論是朋友、諮商心理師或靈性導師都可以。當你培養出更多勇氣，讓各種感受攤開在陽光下，也就更有勇氣設立界線。你更了解自己真實的內心，能夠明確說出自己的想望與需求。當我們忠於本性，察覺自身的欲望和需求，便能看清眼前有哪些選項，有意識地做出決定。我們越是意識到自身的選擇，就越能夠按照心意建立恰當的界線，打造出一直想要的人生。這才是界線達人生活方式的核心。

練習

在默想中重溫你的願景，成為堅強的界線達人

這次冥想時，你將重溫步驟六（過界線達人的生活）描摹的願景，配合目前情況進行合理的修正。在這個過程中，你會更加確立自己想成為界線達人的意圖。

電話或手機務必統統關掉，讓自己全副身心感受這個過程。穿上寬鬆的衣物，坐在舒適的椅子或沙發上。若你想播放輕音樂或點蠟燭也可以。你可以將以下步驟讀出來，錄成音檔，這樣就不必張開眼睛，對冥想狀態造成干擾。錄製時，可選擇跳過本段落。

1. 閉上雙眼，做幾次深呼吸。全身各部位都要放鬆，先從雙腳開始。接著緩緩上移到雙腿、臀部、肚腹、胸、背、雙臂、脖頸、頭部，直至完全放鬆為止。放鬆時別太用力，只要告訴你的身體放鬆就好。繼續往下做，身體會逐漸放鬆。

2. 想像現在是五年後。眼前浮現你在家裡的情景，同時感受家中的氛圍。可能是你目前的家，也可能是新住處。讓自己嗅聞氣味，聆聽聲響，感受周圍的空氣。每一道金字塔內的界線皆已設定完成，而你從未因設立界線有過衝突，或感到愧疚、羞恥。現在只要界線問題一出現，你當場便可輕鬆設下界線。你的情緒與身體有何感受？你本身的改變對家庭生活帶來什麼影響？

3. 想像你正在上班。設下重要界線後，對你的職場生活有何影響？人生有什麼不同？你在情緒、身體、心理及精神上有什麼樣的感受？

4. 想像你和一群親戚在一起，也許是共度節日。你已經是界線達人，設下了每一道想設的界線，這次跟他們相處的經驗是否和以往不同？

5. 最後，想像你和朋友們在某個社交場合。如今你已經是界線達人，這方面的生活有什麼不同？

6. 多花些時間感受這個願景。等你覺得可以了，扭扭腳趾，轉動頭部，慢慢回到完全醒覺的狀態，然後張開眼睛。

觀察界線的變化

我們在人生中轉變、成長，界線也隨之變化。我離婚後設法維持一道毫無妥協餘地的底限，告訴自己絕不再進入另一段親密關係。之後我遇到亞倫，「絕不」就變成了「好」。這麼說來，界線如液體般流動。一年前、一個月前，甚至昨天覺得恰當的界線，此時可能有了變化。這是正常合理的情況。

訣竅是觀照你的真實內心，拋棄不合時宜的做法，問自己：「今天怎麼做最適合我？我現在想要什麼？」然後視情況，與他人更新協定。

關於界線，你必須謹記以下幾點

本書的初衷和最終目的，都是為了幫助你培養勇氣，挺身爭取能給予你支持與尊重的事物。當你發現自己懷疑界線的重要性，不確定它和自我尊重的人生有何關聯；或者你需要鼓起勇氣設立必要界線，請再看一次這份清單，逼自己付諸行動：

- 界線是你的底限，用來界定你會做或不會做的事，或用以釐清某些你無法接受的事，亦即你無法容忍的事。
- 你若不建立界線，便是放棄真我。其中一項後果是無法活得淋漓盡致，因而浪費了你擁有的人生。
- 踰越界線的那個人是你自己。確保你的界線不受侵犯並非別人的責任。
- 你無法改變別人，或迫使對方捍衛你的界線。
- 你可以二選一：別人侵犯界線帶來的長期痛苦，或者設立並保持底限的短期尷尬。
- 良性的自私會改變你的一生。（請參照下一節。）
- 衝突可能只是顯露出差異而已，即使雙方各持立場也可以維持關係。
- 若想建立某道界線，先寫出腳本，並勤加練習，有助於提升信心，獲得成功的結果。
- 每當你要維持界線，就搬出一句話來應付；這句話便是官方說法。
- 成為界線達人代表著：你在關心旁人的需求和渴望之餘，至少同樣關心自身的需求和渴望。

自私並非十惡不赦

許多人很難相信自私也可能是有益或更好的做法，因此我必須再說一次。建立界線的核心是「良性的自私」。除非你允許自己滿足自身需求（即使因此不能滿足某人的需求），否則根本無法建立界線。

許多人（包括我）有股不理性的恐懼，以為若是讓自己有那麼一點自私，就會突然變成自戀狂。但是決計不會。我們看到世間充斥著惡質的自私，於是矯枉過正，以不健康的方式展現出無我。若你擔心變成自戀狂，你就不是自戀狂；自戀狂才不會擔心這種事。何況有共依存症、愛討好人的類型，不會自動變成自戀狂。你不會突然違背本性，變成某一種人。

另一方面，培養健康的自私心態又將如何？這麼做會使你的人生更趨於平衡。許多我認識的人都發現，先照顧自己其實能鼓勵人變得更加慷慨，因為我們不再處於自我消耗或剝奪的狀態下，逼自己給予。當我們優先滿足自己的需求，就可以從純粹慷慨的心態出發，而非基於義務或覺得有必要證明自身的價值。

我知道聽起來難以置信，但**自私其實有助於改善人際關係**。該設卻未設的界線底下，累積了許多厭煩不滿的情緒，一旦消除怨恨之情，我們的人際關係就有機會在真實與可靠之中茁壯生長。

我們與某人建立界線時，不見得要跟對方斷絕關係或保持距離。界線可能使這段關係益發深化。我們讓關係變得更真誠無偽時，它就會益形親密。情感上的聯繫一定比達成共識或協議更有力、更令人滿足。

稍早已經說過，但我再重申一次：為了另一個人放棄自己不再是榮譽勳章，甚至不是人生中的選項。健康的自私心態有助於解除放棄自我的毒素。你誰也不欠，用不著為了別人放棄自己；而值得你付出愛的人，也不會要求你放棄自己以贏得愛。

以前聽到別人說我自私，我就感到心痛，彷彿心臟被刀刺穿。如今我坦然面對自私的稱號，因為我知道其中的智慧。我還知道自私讓我有充裕真誠的心，能夠慷慨給予。我強烈推薦健康的自私心態，也勸你要親自試一試。

當你學會確保自己的界限不再遭人侵犯，就打開了充滿自由和各種可能的新世界，不光是為了自己，對你的人際關係來說也是一樣。這是成為界線達人的唯一方法。

我對你的期盼

我衷心期盼你不再將界線一詞視為忌諱。我期盼你知道它們只是你設下的底限，明定你會去做或不會去做的事，同時釐清你可以接受（或無法容忍）別人對你做什麼。還有，你會記得自己的界線要靠自己捍衛。

我期盼你明白界線能夠發揮極大的力量，支持你小心選擇、安排想要的一切事物，而不只是釋放而已。

我期盼你充分接納健康的自私心態，並且身體力行，讓自己變成最高等級的界線達人。

請記住：自由即將降臨，你值得擁有自由。

謝辭

有這麼多人給我無盡的愛與支持，我要深深鞠躬致謝。

露易絲．賀：謝謝你，你是這一切的開端。我想念你。

瑞德．崔西（Reid Tracy）：謝謝你看見我、相信我、鼓勵我，同時為我慶賀。

黛比．福特：謝謝你委託我弘揚你的精神。我尊敬你。

偉恩．戴爾：謝謝你隨時隨處提醒我，要帶著心想事成的感受過生活。也謝謝你留下了行李箱的故事。

還要謝謝 Pat Denzer、Linda Perry、Danita Currie、Tracy Phillips、Reenie Vincent、Fanni Williams 與 Michelle Knight，你們是了不起的幕後功臣。少了你們，我不可能也絕對不想做我的工作。深深感謝你們的付出，我非常珍惜你們。

克莉絲汀．諾瑟普：謝謝你慨然為本書作序，寫出美妙非凡的文字，也感謝你的友情。

茱莉．史特勞德（Julie Stroud）：謝謝你深刻的智慧、獨到觀點、遠見和內心。

梅蘭妮・沃托（Melanie Votaw）：謝謝你用無懈可擊的風格、清晰雅致的文字，傳達出我內心想說的話。

我的界線達人們：謝謝勇敢的客戶們，我是先跟你們分享作品的雛形，最後才有了這本書。一億次的謝謝也難以表達我由衷的謝意，謝謝大家讓我引領你們走過這個歷程，感謝大家分享各自的故事和想法，也感謝你們在這些日子以來帶給我的影響。

接受我指導的客戶：謝謝你們的信任，讓我引導你們，見證你們的成長，催化出你們的改變。

賀氏書屋的家人們：這個家族太龐大，我要感謝的人太多，但我必須寫出你們的名字致謝：Margarete Nielsen、Michelle Pilley、Mollie Langer、Christa Gabler、Adrian Sandoval、Sally Mason-Swaab、Anne Barthel、Marlene Robinson、Steve Morris、Rocky George、Sharon Al-Shehab，以及 Roger Alapizco。

蓋比・伯恩斯坦（Gabby Bernstein）：謝謝你在我成為作家的路上給我獨一無二、意義非凡的支持。

克萊特・巴倫-里德：謝謝你看到我的特質，並且相信我做得到。

瑪莉莎・葛蕾斯（Melissa Grace）：謝謝你全心接受、喜愛完整的我。

派蒂・吉芙特（Patty Gift）：謝謝你在我們四處遊蕩時，輕鬆卻又鄭重的陪伴，總是靜靜等我，也謝謝你對 Lulu 的全心付出。我們會一直擁有巴黎，還有布魯克林、圓石市，以及更多。

凱麗・諾特拉斯（Kelly Notaras）：謝謝你無與倫比的心靈，總是知道我在說什麼，因為我們擁有同一顆頭腦。

亞倫・湯瑪斯（Aaron Thomas）：謝謝你給我療癒的愛情，在一旁支持我。

媽媽、爸爸：謝謝你們給我生命與愛，那是一切。

凱特・艾克斯（Kate Aks）：謝謝你和我分享同樣的心跳，也謝謝你讓我擁有 Allen、Isabel、Simon 這麼好的孩子。

國家圖書館出版品預行編目（CIP）資料

設立界線,放下為人承擔的惡習：別讓他人踩踏你的人生,十個步驟找回自主權,過有邊界感的生活 / 南希.列文(Nancy Levin)著；王敏雯譯. -- 初版. -- 新北市：啟動文化出版：大雁出版基地發行, 2024.07
面；　公分
譯自：Setting boundaries will set you free : the ultimate guide to telling the truth, creating connection, and finding freedom
ISBN 978-986-493-189-7(平裝)

1.自我實現 2.人際關係 3.生活指導

177.2　　113008249

設立界線，放下為人承擔的惡習

別讓他人踩踏你的人生，十個步驟找回自主權，過有邊界感的生活

Setting Boundaries Will Set You Free: The Ultimate Guide to Telling the Truth, Creating Connection, and Finding Freedom

作　　者　南希．列文（Nancy Levin）
譯　　者　王敏雯
封面設計　走路花工作室
內頁排版　菩薩蠻事業股份有限公司
業務發行　王綬晨、邱紹溢、劉文雅
行銷企劃　黃羿潔
資深主編　曾曉玲
總 編 輯　蘇拾平
發 行 人　蘇拾平

出　　版　啟動文化
Email：onbooks@andbooks.com.tw
發　　行　大雁出版基地
新北市新店區北新路三段207-3號5樓
電話：(02)8913-1005　傳真：(02)8913-1056
Email：andbooks@andbooks.com.tw
劃撥帳號：19983379
戶名：大雁文化事業股份有限公司

初版一刷　2024年7月
定　　價　520元
I S B N　978-986-493-189-7
E I S B N　978-986-493-188-0 (EPUB)